西方心理学大师经典译丛
主编 郭本禹

动力心理学

Dynamic Psychology

[美] 罗伯特·伍德沃斯 Robert Sessions Woodworth 著

高申春 高冰莲 译

中国人民大学出版社
·北京·

总译序

感悟大师无穷魅力　品味经典隽永意蕴

美国心理学家查普林与克拉威克在其名著《心理学的体系和理论》中开宗明义地写道："科学的历史是男女科学家及其思想、贡献的故事和留给后世的记录。"这句话明确地指出了推动科学发展的两大动力源头：大师与经典。

一

何谓"大师"？大师乃是"有巨大成就而为人所宗仰的学者"①。大师能够担当大师范、大导师的角色，大师总是导时代之潮流、开风气之先河、奠学科之始基、创一派之学说，大师必须具有伟人的创造、伟大的主张、伟大的思想乃至伟大的情怀。同时，作为卓越的大家，他们的成就和命运通常都与其时代相互激荡。

作为心理学大师还须具备两个特质。首先，心理学大师是"心理世界"的立法者。心理学大师之所以成为大师，在于他们对心理现象背后规律的系统思考与科学论证。诚然，人类是理性的存在，是具有思维能力的高等动物，千百年来无论是习以为常的简单生理心理现象，还是诡谲多变的复杂社会心理现象，都会引发一般大众的思考。但心理学大师与一般人不同，他们的思考关涉到心理现象

---

① 辞海．缩印本．上海：上海辞书出版社，2002：275.

背后深层次的、普遍性的与高度抽象的规律。这些思考成果或试图揭示出寓于自然与社会情境中的心理现象的本质内涵与发生方式；或企图诠释某一心理现象对人类自身发展与未来命运的意义和影响；抑或旨在剥离出心理现象背后的特殊运作机制，并将其有意识地推广应用到日常生活的方方面面。他们把普通人对心理现象的认识与反思进行提炼和升华，形成高度凝练且具有内在逻辑联系的思想体系。因此，他们的真知灼见和理论观点，不仅深深地影响了心理科学发展的命运，而且更是影响到人类对自身的认识。当然，心理学大师的思考又是具有独特性与创造性的。大师在面对各种复杂心理现象时，他们的脑海里肯定存在“某种东西”。他们显然不能在心智“白板”状态下去观察或发现心理现象背后蕴藏的规律。我们不得不承认，所谓的心理学规律其实就是心理学大师作为观察主体而“建构”的结果。比如，对于同一种心理现象，心理学大师们往往会做出不同的甚至截然相反的解释与论证。这绝不是纯粹认识论与方法论的分歧，而是对心灵本体论的承诺与信仰的不同，是他们所理解的心理世界本质的不同。我们在此借用康德的名言“人的理性为自然立法”，同样，心理学大师是用理性为心理世界立法。

其次，心理学大师是“在世之在”的思想家。在许多人看来，心理学大师可能是冷傲、孤僻、神秘、不合流俗、远离尘世的代名词，他们仿佛背负着真理的十字架，与现实格格不入，不食人间烟火。的确，大师们志趣不俗，能够在一定程度上超脱日常柴米油盐的束缚，远离俗世功名利禄的诱惑，在以宏伟博大的人文情怀与永不枯竭的精神力量投身于实现古希腊德尔菲神庙上“认识你自己”之伟大箴言的同时，也凸显出其不拘一格的真性情、真风骨与真人格。大凡心理学大师，其身心往往有过独特的经历和感受，使之处于一种特别的精神状态之中，由此而产生的灵感和顿悟，往往成为其心理学理论与实践的源头活水。然而，心理学大师毕竟不是超人，也不是神人。他们无不成长于特定历史的社会与文化背景之下，生活在人群之中，并感受着平常人的喜怒哀乐，体验着人间的世态炎凉。他们中的大多数人或许就像牛顿描绘的那般："我不知道世上的人对我怎样评价。我却这样认为：我好像是在海上玩耍，时而发现了一个光滑的石子儿，时而发现一个美丽的贝壳而为之高兴的孩子。尽管如此，那真理的海洋还神秘地展现在我们面前。"因此，心理学大师虽然是一群在日常生活中特立独行的思想家，但套用哲学家海德格尔的话，他们依旧都是"活生生"的"在世之在"。

二

那么，又何谓"经典"呢？经典乃指古今中外各个知识领域中"最重要的、有指导作用的权威著作"①。经典是具有原创性和典范性的经久不衰的传世之作，是经过历史筛选出来的最有价值性、最具代表性和最富完美性的作品。经典通常经历了时间的考验，超越了时代的界限，具有永恒的魅力，其价值历久而弥新。对经典的传承，是一个民族、一种文化、一门学科长盛不衰、继往开来之根本，是其推陈出新、开拓创新之源头。只有在经典的引领下，一个民族、一种文化、一门学科才能焕发出无限活力，不断发展壮大。

心理学经典在学术性与思想性上还应具有如下三个特征。首先，从本体特征上看，心理学经典是原创性文本与独特性阐释的结合。经典通过个人独特的世界观和不可重复的创造，凸显出深厚的

① 辞海．缩印本．上海：上海辞书出版社，2002：852.

文化积淀和理论内涵，提出一些心理与行为的根本性问题。它们与特定历史时期鲜活的时代感以及当下意识交融在一起，富有原创性和持久的震撼力，从而形成重要的思想文化传统。同时，心理学经典是心理学大师与他们所阐释的文本之间互动的产物。其次，从存在形态上看，心理学经典具有开放性、超越性和多元性的特征。经典作为心理学大师的精神个体和学术原创世界的结晶，诉诸心理学大师主体性的发挥，是公众话语与个人言说、理性与感性、意识与无意识相结合的产物。最后，从价值定位上看，心理学经典一定是某个心理学流派、分支学科或研究取向的象征符号。诸如冯特之于实验心理学，布伦塔诺之于意动心理学，弗洛伊德之于精神分析，杜威之于机能主义，华生之于行为主义，苛勒之于格式塔心理学，马斯洛之于人本主义，桑代克之于教育心理学，乔姆斯基之于语言心理学，奥尔波特之于人格心理学，吉布森之于生态心理学，等等，他们的经典作品都远远超越了其个人意义，上升成为一个学派、分支或取向，甚至是整个心理科学的共同经典。

三

这套“西方心理学大师经典译丛”遵循如下选书原则：第一，选择每位心理学大师的原创之作；第二，选择每位心理学大师的奠基、成熟或最具代表性之作；第三，选择在心理学史上产生过重要影响的一派、一说、一家之作；第四，兼顾选择心理学大师的理论研究和应用研究之作。我们策划这套“西方心理学大师经典译丛”，旨在推动学科自身发展和促进个人成长。

1879 年，冯特在德国莱比锡大学创立了世界上第一个心理学实验室，标志着心理学成为一门独立的学科。在此后的 130 多年中，心理学得到迅速发展和广泛传播。我国心理学从西方移植而来，这种移植过程延续已达百年之久[①]，至今仍未结束。尽管我国心理学近年取得了长足发展，但一个不争的事实是，我国心理学在总体上还是西方取向的，尚未取得突破性的创新成果，还不能解决社会发展中遇到的重大问题，还未形成系统化的中国本土心理学体系。我国心理学在这个方面远没有赶上苏联心理学，苏联心理学家曾创建了不同于西方国家的心理学体系，至今仍有一定的影响。我国心理学的发展究竟何去何从？如何结合中国文化推进心理学本土化的进程？又该如何进行具体研究？当然，这些问题的解决绝非一朝一夕能够做到。但我们可以重读西方心理学大师们的经典作品，以强化我国心理学研究的理论自觉。“他山之石，可以攻玉。”大师们的经典作品都是对一个时代学科成果的系统总结，是创立思想学派或提出理论学说的扛鼎之作，我们可以从中汲取大师们的学术智慧和创新精神，做到冯友兰先生所说的，在“照着讲”的基础上“接着讲”。

心理学是研究人自身的科学，可以提供帮助人们合理调节身心的科学知识。在日常生活中，即使最坚强的人也会遇到难以解决的心理问题。用存在主义的话来说，我们每个人都存在本体论焦虑。“我是谁，我从哪里来，我将向何处去?”这一哈姆雷特式的命题无时无刻不在困扰着人们。特别是在社会飞速发展的今天，生活节奏日益加快，新的人生观与价值观不断涌现，各种压力和冲突持续而严重地撞击着人们脆弱的心灵，人们比以往任何时候都更迫切地需要心理学知识。可幸的是，心理学大师们在其经典著作中直接或间接地给出了对这些生存困境的回答。古人云：“读万卷书，行万里

① 在20世纪五六十年代，我国心理学曾一度移植苏联心理学。

路。”通过对话大师与解读经典，我们可以参悟大师们的人生智慧，激扬自己的思绪，逐步找寻到自我的人生价值。这套“西方心理学大师经典译丛”可以让我们获得两方面的心理成长：一是调适性成长，即学会如何正确看待周围世界，悦纳自己，化解情绪冲突，减轻沉重的心理负荷，实现内心世界的和谐；二是发展性成长，即能够客观认识自己的能力和特长，确立明确的生活目标，发挥主动性和创造性，快乐而有效地学习、工作和生活。

我们相信，通过阅读大师经典，广大读者能够与心理学大师进行亲密接触和直接对话，体验大师的心路历程，领会大师的创新精神，与大师的成长并肩同行！

郭本禹

2013 年 7 月 30 日

于南京师范大学

译者前言

伍德沃斯（又译吴伟士，Robert Sessions Woodworth，1869—1962）是美国心理学早期历史上最重要的代表人物之一，不仅与卡特尔（James McKeen Cattell，1860—1944）及桑代克（Edward Lee Thorndike，1874—1949）等人共同组成机能主义的哥伦比亚学派，而且对心理学作为专业学科的发展做出了多方面的重要贡献。他出生于一个开明的普通牧师的家庭，像多数孩子一样有一个欢乐的童年。少年时对未来充满幻想，曾立志要成为天文学家，又幻想回归自然做一个农场主，到中学毕业时想以音乐为职业。1887年入读马萨诸塞州的安默斯特学院，深受一位叫加曼（Charles Edward Garman，1850—1907）的哲学教授的影响。那时的哲学和心理学之间的界限很模糊，很多哲学教授的研究工作都包含着心理学，或者经由这种作为哲学的心理学走向后来作为一门独立科学的心理学。从伍德沃斯此前的教育背景来看，他主要阅读和学习了古典文学和数学，少许涉及历史和现代文学，但几乎没有接触过现代科学。于是，加曼教授引导他广泛补习科学知识，以作为研习哲学或心理学的预备；伍德沃斯由此进入科学领域而有所收获，乃至于在1891年大学毕业后，他去中学教了两年数学和其他门类科学的课程，又去堪萨斯州的一个小规模的学院教授数学两年。

在这些年间，伍德沃斯通过自学式的阅读而了解到詹姆斯

(William James，1842—1910）和霍尔（Granville Stanley Hall，1844—1924）以及他们的新心理学，特别是深受詹姆斯《心理学原理》的吸引和启发。于是，在1895年，他追随詹姆斯，来到哈佛大学攻读硕士学位，并与桑代克同学。其间，他不仅跟随詹姆斯学习普通心理学和病理心理学，并对心理学实验有了初步的了解，同时跟随罗伊斯（Josiah Royce，1855—1916）钻研逻辑学，又受桑塔耶纳（George Santayana，1863—1952）的影响而对伦理学发生兴趣。两年后硕士毕业时，伍德沃斯不能决定是往哲学的方向还是往心理学的方向发展。这时，詹姆斯正准备安排他到医学院的生理学研究所做一年的助理工作，以接受系统的生理学训练，并建议伍德沃斯，如果他想以心理学为专业，接受生理学训练乃是必要的。就此，伍德沃斯向罗伊斯咨询，并接受罗伊斯的意见，决定通过生理学的道路钻研心理学。在哈佛大学医学院，伍德沃斯以鲍迪奇（Henry Pickering Bowditch，1940—1911）为师，与坎农（Walter Bradford Cannon，1871—1945）同学，并对坎农关于内脏活动与情绪之间关系的研究工作留下了深刻的印象。

1898年，卡特尔给伍德沃斯提供了一份为期一年的研究生奖学金。于是，伍德沃斯又来到哥伦比亚大学，追随卡特尔攻读博士学位。在此之前，他当然已经知道并熟悉卡特尔的工作；在卡特尔的工作中，对他尤其具有吸引力的，是关于客观的定量测量以及用心理测验来研究个别差异的科学理念。所以，伍德沃斯成名后承认，卡特尔是塑造他的心理学思想的最重要的影响力量之一。在哥伦比亚大学期间，伍德沃斯还深受人类学家鲍亚士（Franz Boas，1858—1942）的人类测量学及统计方法的影响，并深切地体会到人类学对于心理学的重要性。1899年，伍德沃斯完成博士论文《随意运动的精确性》，主要讨论在不同感觉机制的控制下运动反应的精确性问题，并特别强调要将反射弧作为一个统一的整体来加以研究，必须完整地从感觉刺激到肌肉反应的全过程来追踪原因和结果之间的关系。简而言之，他是以詹姆斯以来所形成的机能的观点，来理解意识作为整体及其与它的输入过程即感觉方面和它的输出过程即运动或行为方面之间的关系的，这也是伍德沃斯后来形成他关于心理学的系统理解的出发点。同时，从伍德沃斯博士论文的主题和内容上，也可以看出他对生理学作为心理学基础之重要性的信仰和态度。就其一般性质而言，他的博士论文属于生理心理学的范畴。

博士毕业后，伍德沃斯继续对生理学进行深入、系统的研究，研究主题涉及心脏、胃的运动、糖类的代谢作用、神经的电传导、脑皮质的功能定位、反射活动等。至1902年，他在纽约市的哥伦比亚-贝卢伏医学院任生理学讲师三年，其间于1900年夏天短期访问英国爱丁堡大学，与英国生理学家沙弗（Edward Schafer，1850—1935）进行合作研究。1902年，伍德沃斯受英国著名生理学家谢灵顿（Charles Scott Sherrington，1857—1952）的邀请赴利物浦大学生理学实验室共事，并成为谢灵顿的研究助手。受到谢灵顿的邀请，这本身就是一项殊荣，因为谢灵顿可以说是当时全世界最著名的生理学家，这也反映了伍德沃斯在生理学方面的成就及其被认可的程度。一年后，谢灵顿甚至邀请伍德沃斯永久地留在他的实验室，从实验心理学和脑生理学相结合的角度开展研究工作，从而使伍德沃斯又一次面临职业选择的关口：接受谢灵顿的邀请，意味着伍德沃斯将成为一个生理学家而不是心理学家。恰在这时，卡特尔邀请伍德沃斯回哥伦比亚大学心理学系任讲师。权衡之后，伍德沃斯还是决定回哥伦比亚大学，并在这里度过他充实而同样富有成效的心理学家的一生。

至此，可以说伍德沃斯完成了他早年的求学生涯，而成为一个羽翼丰满的职业心理学家。从他的求学过程，我们既可以看到一个心理学家若想在专业上取得成功所必须具备的宽广的知识背景和开阔的学术视野，也可以看出伍德沃斯人格中凡事必认真的个人魅力。我们已经知道，除去青少年时期的职业幻想不说，伍德沃斯最初是为了实现他哲学的或心理学的职业追求，并作为实现这一职业追求之预备条件而钻研科学的，却在钻研科学的过程中迷恋上数学，甚至一度想转而以数学为专攻的领域；当他完成在哈佛大学的学业时，作为他深入研究哲学的结果，他又迷茫于究竟是以哲学还是以心理学为专攻的领域；他研究生理学，原本是要接受詹姆斯的意见作为专攻心理学之预备的，却在生理学研究中钻研得如此之深，乃至于就要成为一个著名的生理学家了。伍德沃斯人格中的这种魅力，足以成为一个典范：对一个心理学家来说，若没有对知识或真理的执着追求的精神，是难以对心理学做出实质而真正有历史意义的贡献的。

伍德沃斯是一个兴趣广泛而又精力充沛的人。尽管如此，他还是发现，在哥伦比亚大学从事教学和研究工作是紧张的。那时，心理学尚不发达，师资亦有限，所以，伍德沃斯的教学任务是繁重的。就 1930 年以前的情况来说，除普通心理学是他每年必上的课程外，他还经常教授变态心理学、社会心理学、实验心理学、心理测量与统计、心理学史以及心理学的问题与方法等课程，此外还有各种专题研讨课，如运动、视觉、记忆、思维、动机等。只是到晚年，随着心理学的发展及哥伦比亚大学心理学系师资力量的壮大，他才得以将自己的教学内容相对集中于实验心理学、心理学流派及心理学进展等高级课程。除教学以外，他还必须协助卡特尔完成系务管理工作及指导学生的论文研究工作。也只有到晚年之后，随着他自己学生的成长和成熟，他逐渐将行政管理方面的工作转交给他的学生波芬伯格尔（Albert T. Poffenberger，1885—1977）而脱身。伍德沃斯坦承，这种繁重的教学和管理工作，是制约他自己在科学方面进行开创性研究工作的主要原因；他在科学方面的创造性主要是通过由他所指导的学生的研究工作体现出来的。确实，伍德沃斯作为心理学家在事业上的成就，主要是在教学及与教学密切相关的教材编写方面，他编写的多种教材不仅在哥伦比亚大学内部，而且在整个心理学界影响了几代人。

由于伍德沃斯在生理心理学方面的造诣，耶鲁大学的赖德（George Trumbull Ladd，1842—1921）邀请他合作修订自己于1887年初版的《生理心理学》教科书，由伍德沃斯负责修订有关生理学及生理心理学方面的内容，赖德自己负责修订其中更富哲学味道的内容，并于1911年出版修订版，改为赖德和伍德沃斯合著。按波林（Edwin G. Boring，1866—1968）的记述，这本书至1934年还是心理学内的标准教科书，足见其影响之广泛和深远。

1921年，作为讲授普通心理学课程的结果之一，伍德沃斯出版普通心理学教科书《心理学》，至1947年出到第五版。同样，作为讲授心理学流派课程以及作为他自己关于心理学史研究和思考的结果，伍德沃斯又于1931年出版《现代心理学流派》一书，并于1948年全面修订，出版第二版。在去世前不久，伍德沃斯还与他人合作，对这本书进行修订，并在他去世后出版新的修订版。

如果说上述这些著作都足够成功，并给伍德沃斯带来声望和名誉的话，那么，他在 1938 年出版的《实验心理学》更是他的“伟大著作”。作为教科书，《实验心理学》不只是一部实验指导手册，同时也是塑造心理学的学科性质及其未来发展方向的一个里程碑，在心理学界被普遍地称为“哥伦比亚的《圣经》”。虽然这本书正式出版于 1938 年，但它的雏形在 1909 年就已经存在，就是供学生作为教材使用的油印本，而且，这个油印本的内容还不断地得到更新和充实。所以，从准备到正式出版，这本书花了整整 30 年的时间。造成这种状况的最主要的原因，同样是伍德沃斯凡事必认真的人格品质。他力求完美，尽可能涵盖实验心理学到“目前”为止所已经取得的全部进展和成就。但是，伍德沃斯客观地指出：“同时实验的文献飞跃式地在增加，因此当我有一些进展时，我又总是落在后面更远处。”① 当然，仅仅是内容的广泛尚不足以决定一本书的成功和影响力，通过这些内容所体现的观念甚至是更重要的。从这个意义上来说，伍德沃斯《实验心理学》的成功及其拥有的影响力，主要不在于它的内容的广泛，而在于它明确了“实验”的观念，提供了实验心理学的基本术语，并为实验心理学树立了一个典范。在这本书中，伍德沃斯将“实验”界定为：在保持其他条件不变的情况下，系统地操纵某一个条件，并观察由对这一个条件的操纵而引起的整个研究过程的效果。他将被操纵的条件称为自变量，将要对其效果加以观察的变量称为因变量，这两个术语遂成为实验心理学的标准术语而被一直保留下来。此后，实验心理学基本上就是按照伍德沃斯所提供的范型得到进一步发展的。至 1954 年时，伍德沃斯与他的学生施洛斯贝格（Harold H. Schlosberg，1904—1964）合

① 武［伍］德沃斯，施洛斯贝格．实验心理学．曹日昌，等译．北京：科学出版社，1965：xiv.

作修订这本书，并发行第二版，使之继续在实验心理学中起着领航的作用。

像伍德沃斯这样一个对心理学及其历史产生如此广泛而深远影响的人，自然会在心理学界及整个科学界受到广泛的认可和普遍的赞誉。他在1914年当选美国心理学会主席。1924年，他又当选为美国国家研究委员会（National Research Council）中人类学和心理学分会（Division of Anthropology and Psychology）的主席。1931年当选为社会科学研究委员会（Social Science Research Council）主席。此外，伍德沃斯一生还接受了包括他的母校安默斯特学院以及由他母亲创立的伊利湖学院等多所院校的荣誉博士学位。他一生有过两次退休的经历，第一次是在1945年，但退休后，他继续在哥伦比亚大学从事教学和研究工作，直到1958年89岁时第二次退休为止。

伍德沃斯于1962年7月4日在93岁高龄时去世。由于长寿的缘故，他的去世还带有一层附加的历史意义。我们知道，伍德沃斯是詹姆斯和卡特尔的学生。不仅如此，他还与冯特（Wilhelm Wundt，1832—1920）、霍尔、闵斯特伯格（Hugo Münsterberg，1863—1916）、屈尔佩（Oswald Külpe，1862—1915）、让内（Pierre Marie Felix Janet，1859—1947）、皮尔逊（Karl Pearson，1857—1936）、艾宾浩斯（Hermann Ebbinghaus，1850—1909）等这些心理学初创时期的先辈人物有直接的联系。至20世纪60年代时，不仅这些先辈人物都早已仙逝，而且，与这些先辈人物有过直接联系的其他人也都已不在人世。所以，随着伍德沃斯的逝世，心理学的新世界与旧世界在人事意义上的联系彻底断裂了。

这里翻译的这本《动力心理学》，与上述著作相比，具有很大的特殊性和特别的重要性。这本书的内容，以伍德沃斯1916—1917年度应邀在美国自然史博物馆面向公众的讲座为基础，而不是以大学教科书的形式完成的，因此不受教科书形式的束缚而有更大的思想自由的空间。伍德沃斯利用这个机会整理并表达了他自己关于心理学的系统的观点。为了整体理解伍德沃斯的系统的心理学观点以及作为这个观点的表达形式的《动力心理学》一书，就必须结合他所处的时代背景。关于这个背景，应该主要指出以下两个方面。

关于第一个方面，为了方便起见，可以简化为关于心理学研究对象的问题。众所周知，在体系心理学的历史背景中，伍德沃斯拒绝承认自己属于任何一个学派而自称为一个折中主义者。表面上看，他的折中主义态度表现为兼容并蓄地吸收各学派中他认为合理的成分，并试图调和各学派之间的对立和矛盾，所以他“坚信心理学家彼此同意的论点超出了争论的论点，他要寻求所有的人都能赞同的体系”①。但是，在实质上，他的折中主义态度，是他适应他所处的特定历史时代的产物，这个历史时代的占绝对优势的动向，就是以华生（John B. Watson，1878—1958）为代表的行为主义的迅速发展，这个发展势头几乎是任何个人的力量所难以遏制的。从这个背景来看，伍德沃斯的折中主义态度的理论动机之一，是以一种温和的方式纠正心理学普遍地趋向于以华生为代表的极端行为主义的历史趋势，而主张在心理学作为行为科学中保持意识研究的合法性，从而与桑代克关于“行为”作为心理学基本范畴的理解是一致的。② 如前面在讨论他的博士论文的主题时所指出的那样，他是从机能心理学与构造心理学相对立的角度，主张心理学应该开展对

① 波林．实验心理学史：下册．高觉敷，译．北京：商务印书馆，1981：643.
② 高申春．心灵的适应——机能心理学．济南：山东教育出版社，2009.

“行为”的研究，并在“意识”与“行为”相统一的意义上理解“意识”和“行为”及其相互关系。不仅如此，至1916年时，心理学的面貌已经发生了根本的改变。除传统意识心理学内继续存在机能心理学与构造心理学的争论外，精神分析已经在美国心理学界得到广泛传播，特别是作为主流心理学发展趋势的行为主义已经诞生并正在盛行。正是在这个背景中，伍德沃斯不仅从传统意识心理学的方向出发，强调“行为”作为心理学研究对象的必要成分，而且还从行为主义的方向出发，强调“意识”作为心理学研究对象的合法性地位。这一切取决于伍德沃斯实事求是的思想品质。正是这种思想品质，决定了伍德沃斯对构造心理学、精神分析、行为主义等的批判态度，也是他追求“自由”的学术氛围的内在根据。例如，他在自传中指出：“我最讨厌的是这样一些人，他们装腔作势地发号施令，预先规定一个心理学家应该发现何种类型的研究结果，应该将自己圈定在何种限度之内——这些人最让我恼恨，也是我最希望摆脱［其束缚］的。闵斯特伯格就是这样一个人，他断言，科学的心理学永远不能正视实际生活；铁钦纳是这样的一个人，他坚持认为，心理学的所有真实的发现，只能是感觉要素；华生是这样的一个人，他声明，必须放弃内省［方法］，同时必须发现运动系统（及腺体）的活动［规律］。”[①] 这个自述，颇能反映伍德沃斯诚实的品性和他在真理问题上爱憎分明的立场。按伍德沃斯的学生波芬伯格尔的记述，伍德沃斯在1914年当选美国心理学会主席时的反应，也说明了他在真理问题上爱憎分明的立场。美国心理学会主席不仅是一个荣誉的象征，同时也是引导心理学发展方向的重要力量之

① Woodworth R S. Autobiography of Robert S. Woodworth//Murchison C. History of psychology in autobiography：Vol. 2. Worcester，MA：Clark University Press，1930：376.

一。所以，伍德沃斯在当选美国心理学会主席后说："不管怎么说，我毕竟比华生至少早一年当选了！"① 双眼充满着胜利的喜悦，并放射出希望的光芒。《动力心理学》一书的基本主题，就是针对并批判以铁钦纳（Edward Bradford Titchener，1867—1927）为代表的纯粹主观的内省心理学和以华生为代表的纯粹客观的行为心理学，而主张关于意识和行为相统一的机能的观点，同时引进动机的概念，来阐释意识与行为及其相互关系的。

关于这个背景的第二个方面，正涉及动机或动力的概念。在西方心理学史中，动力心理学（dynamic psychology）这一名称具有两层含义。一是在广义上指20世纪或更早时期以来在西方心理学史上长盛不衰的一种理论思潮或思想倾向，即试图从动力或动机的角度来理解心理活动或行为表现的因果关系。这种含义的动力心理学，实质上与动机心理学同义，包括历史上多种涉及动机问题研究的心理学体系，如麦独孤（William McDougall，1871—1938）的策动心理学、弗洛伊德（Sigmund Freud，1856—1939）的精神分析理论、勒温（Kurt Lewin，1890—1947）的场论、社会心理学中的认知失调理论、以马斯洛（Abraham Harold Maslow，1908—1970）为代表的人本主义心理学等，当然也包括伍德沃斯的动力心理学。二是专指伍德沃斯的动力心理学思想，因为伍德沃斯明确地用"动力心理学"这个名称来表达他的体系心理学思想。实际上，伍德沃斯对动机或动力问题的思考始于学生时代。在他与桑代克同学于哥伦比亚大学时，二人常在一起讨论，其中主题之一就是动机问题，并立志要建立一种"动机学"（motivology）。从这个背景

① Poffenberger A T. Robert Sessions Woodworth：1869-1962. American Psychologist，1962，75（4）：684.

看，《动力心理学》可算是对他的这个早期志向的一个实现。

概而言之，这本书在关于行为的上述一般观点的基础上，提出了行为的两个基本变量，即机制（mechanism）和驱力（drive），并认为，有了这两个变量，就可以完满地解释全部行为现象。其中，机制是联结的结构，亦即从刺激到反应的具体构造关系，它回答的是关于行为之“如何”的描述性问题；驱力是激活或推动机制的原动力，它回答的是关于行为之“为什么”的机能性问题。机制是驱力得以满足的外在行为方式，驱力则是激发机制的内在条件。在这里，伍德沃斯指出：刺激并不是引起某一特殊反应的全部原因；有机体及其变化着的能量、有机体现在和过去的经验等，也对行为反应起着决定性的作用。正是对这种决定作用的理解，构成伍德沃斯心理学思想的核心。

关于伍德沃斯对行为的机制与驱力及其关系的理解，他的学生海德布莱德（Edna Heidbreder，1890—1985）曾给出的一个形象的比喻说法，非常有助于说明伍德沃斯的思想，引述如下：“甚至象［像］装有弹药的炮这样的机械，其动作也不是仅由刺激（启动触发器）决定的；炮的结构和它储存的能量（药粉），也必须考虑进去。人类有机体象［像］装上弹药的炮一样，与启动触发器相应的刺激在引起动作时是必需的；但是动作的性质既决定于引起这种动作的刺激，也同样决定于有机体本身的结构和条件。”①

此外，伍德沃斯还从发展的角度讨论了机制和驱力之间的关系，认为机制在被多次发动之后，也可以转化为驱力。例如，一个优秀的工匠即使不再依赖于他的手艺来谋生，仍会继续从事他的精彩作业；一个儿童练钢琴，起初可能会由于害怕完不成作业受父母

① 舒尔茨．现代心理学史．杨力能，等译．北京：人民教育出版社，1981：183.

训斥而产生心理紧张，并以此为动机，但经过一段时间的训练后，他练钢琴的唯一理由，可能就是演奏本身已成为他的一种享受。伍德沃斯指出，在人类日常生活的很多领域内，习惯逐渐发展成为兴趣，就是机制逐渐变成驱力的例证。正因为如此，即使在今天，无论是关于心理学的理论思考，还是对于我们的自我理解，本书依然值得我们认真钻研，而不因时代的变迁失去经典价值。

全书共八章。第一章通论心理学思想史，并在这个线索中说明现代意义上的心理学作为一门实验的经验科学诞生的背景、条件、趋势等。第二章在学理的意义上讨论心理学的问题和方法，并在这个背景中引出作者自己系统的主张，即“动力心理学”体系，及其基本问题，即“机制”和“驱力”。第三、四两章分别考察人类先天遗传的能力和后天习得的能力，并以此为动力心理学提供一个关于人性存在的本体论基础。第五、六两章主要从发展的视角讨论机制和驱力的形成及其关系。其中，第六章专门考察作为发展的特殊形式的创新性问题。第七、八两章具体应用动力心理学的原理分别考察异常（或变态）行为和社会行为，并由此体现动力心理学作为体系的逻辑完备性和作为理论的实践解释力。

本书的翻译，初稿是由当时在东北师范大学外国语学院英语语言文学专业攻读硕士学位的高冰莲女士完成的；其后，由我的博士生邢雷雷参照原文做了系统的校订和修改；最后，由我润色定稿。在此，对他们的付出和辛苦表示感谢。当然，文责须我来负。译文中不当或错误处，敬请读者赐教。

高申春

2016年10月30日

序　言

1916 至 1917 年间，受惠于哥伦比亚大学的协作，我在美国自然史博物馆举办了该年度的杰瑟普讲座（The Jesup Lectures for 1916－1917)。本书以原讲座内容为基础，适当地进行了部分的扩充和修改。

目 录

第一章
心理学的现代化运动

像其他的古老学科一样，在过去的一百年里，心理学经历了一 1
场革命性的变化与发展。在这一领域，不仅仅有知识的快速增长以及为知识的增长而投入其时间和智慧的人数的激增，而且，关于这一学科的态度、方法和标准等，也发生了显著的变化。总而言之，这一变化可以用一句话来概括其特征：心理学已成为一门实证性科学。它不再是基础哲学中的一个章节，而是成为一门“专门科学”。继其前辈学科——物理学、化学和生物学之后，心理学亦与基础哲学分离，自成一家。心理学的转型是基础科学运动的一个阶段，这个科学运动可以恰当地称为19世纪历史上非常耀眼的事实。由于过去一个世纪的社会运动是工业发展的结果，而工业发展又依赖于科学进步，所以，科学进步可以正确地称为19世纪真正基础的运动。正是将科学的兴趣和方法从无机世界扩展到生物世界，又从一般而言的生物世界扩展到那种我们称为心理活动的生命活动的特殊形式，使得旧时的心理哲学（mental philosophy）结出硕果，并为
我们提供了今天的心理学。 2

在19世纪伊始，尽管我们今天称为“心理学”的这一概念很少被使用，但是这个概念已经有了很悠久的历史。要说早期的哲学

家们未曾对人类的心理表现进行过观察，那绝对是骗人的。苏格拉底就曾教导我们说，“认识你自己”乃是智慧的主要因素；亚里士多德在其众多著作中整理了古希腊人的思想，完成了注定千古流传而无可比拟的心理学论著《论灵魂》。在近代的早期阶段，当“自然哲学”发展了一技之长而从当时的知识体系分离出来形成物理学的时候，“心理哲学”仍然紧紧依附于基础哲学，以至于今天在阅读那时的哲学家们关于逻辑、伦理以及知识批判等的学说时，几乎不可能把心理学的部分从中区分开来。

英国经验主义哲学流派的创建者洛克（Locke），著有《人类理解论》，从标题来看，人们会猜测这是关于心理学的。但是，洛克的主要兴趣不在于心理学，他更关注知识的有效性而不是认识的实际过程，所以，洛克对于认识过程的处理相当粗略。他拒绝接受当时盛行的观点，即认为人类最基本的知识或观念是与生俱来的；相反，他认为，所有的观念归根结底都是从个人经验中来的，因而也
3 就没有比作为它们的基础的经验更有效的其他依据。诸如颜色、形状、硬度以及数量等的简单观念（simple ideas），是由外界的客观事物作用于感觉器官而形成的，而像记忆、思维以及其他心理活动的简单观念，则是由人类内部操作而形成的。对于这些简单观念，我们加以复合、对比、抽象等，从而形成数量巨大的、不同种类的复杂观念（complex ideas）。所谓知识，就是对两个不同观念之间同一性或差异性的洞察。因此知识局限于观念，正如这些观念局限于人类的经验。知识还进一步因为我们不能揭示所获得的各种观念之间的同一性或差异性而受到限制。不仅如此，而且，经验中的观念的偶然结合，还可能使人们无法看清本来存在的差异性和同一性；而“激情”可能导致人们在没有真实知觉作为基础的地方妄加

断言。上述对洛克不同观点的摘录，很好地阐明了他的兴趣倾向。他急切地越过实际的思维过程而将注意力集中于评估思维的结果。尽管如此，洛克仍无疑是向心理学发展的过程中的一个重要里程碑。

这种对于知识有效性的专注，同样也深刻影响了休谟（Hume）以及来自英国和欧洲大陆的其他那些洛克的继承者，而且，这种影响持续很长时间，一直延续到 19 世纪。他们还对人类行为感兴趣，但这种兴趣更多是道德上的而不是心理学上的，它关注的是人类应该做什么，而不是人类实际做了什么；或者毋宁说，他们关于人类实际做了什么的兴趣，只构成他们关于人类应该做什么的兴趣的基
础而已。然而，真正的心理学知识是慢慢积累的，这个时机——从 4
基础哲学中分离出来，撇开所获信息的哲学意蕴，全身心地投入检测人类心理活动的工作中，成为研究的一个分支——似乎已经成熟了。在这一分离足以发生之前，对于急需更多的事实和获得事实的富有成果和值得信赖的方法的认知是必不可少的。蒙昧时代的很多心理学家或者说是哲学家们，具有明显的经验主义倾向，要说他们的理论是靠思考和演绎推理而得出的有失公允。他们努力利用所知事实，根据自身经验得出结论；只是他们对于更多事实和经验的需求没能实现。他们遵循自然趋势，从过去的经验中推断结论，而按照现代科学的标准，从过去的经验中推断出的只能是假说，而不是结论，结论应该是以新的事实对假说进行检验之后得出的。换句话说，一个科学的结论是被证明了能成功预测未知事实的一种假说。在成为一门真正的科学之前，心理学必须接受过去经验的指导，以及对检验特定问题的新的事实的热忱。然而，这种新的态度并不是在哲学心理学家中产生的，而是从外界引入的。

改变心理学历史进程的外界推力来自生理学。生理学本身是医
5 学的一个古老分支，在 19 世纪初经历了一场革命并从母体学科中分离出来，成为一门独特和活跃的实验科学。身体器官的功能必须通过实验才能了解，这一观念早在这个世纪之初就已经确立，很多实验是对肌肉、腺体、心脏、神经和大脑的研究。在众多身体器官中，研究得最多的，是眼、耳及其他感觉器官。事实上，生理学家们早就开始了对这些器官的研究，因为这些研究可以在人类受试者中广泛实施而不需要进行外科手术操作，而对其他多数种类的器官的检测中，手术都是必要的。例如，为了检验某一特定的视觉问题，就只需要找到一个值得信任的观察者，在视觉的物理条件以确定的方式被安排好之后，要求他报告看到了什么。牛顿利用棱镜对白光进行分解的方法，一直被自然哲学的学者们所遵循，大约在 1800 年，托马斯·杨（Thomas Young）描述了一些关于眼睛机理的非常重要的实验并提出了色觉理论，这一理论到现在仍拥有为数众多的拥护者。其他很多物理学家，其中特别值得一提的有本杰明·富兰克林（Benjamin Franklin）和伦福德伯爵（Count Rumford），都曾偶然地对眼及其感觉做出过重要的观察。19 世纪早期，关于眼的研究工作在数量上有了很大的增加，在原有知识储备的基础上增添了很多新的事实，同时，很多新的问题开始浮现。作为生理学实验的成果，惠斯通（Wheatstone）在 1833 年发明的立体镜，以及普拉
6 托（Plateau）在 1832 年发明的电影放映机的原始形式，可以说明物理学家和生理学家们在这一时期为心理学铺路所做的工作的重要性，因为很明显，由这些仪器的成功运行引出的那些问题——比如第一种情况，两张精选的平面图片或图表，分别放在每只眼睛前，如何能够使我们产生如此强烈的立体印象；再比如第二种情况，在

不同位置的一个物体的一连串图片如何能让我们看到它在运动——显然都是心理学问题。

对于听觉的研究工作虽然不如视觉研究那么多，但其研究工作的性质与上述视觉研究相类似。而在1825年前后，韦伯（Weber）还针对皮肤的触觉、距离觉、温觉和压觉得到了大量重要发现。由于其关于感知差异的实验以及从中得出的公式，韦伯算得上心理学历史上一位特别杰出的人物。他发现，当两个物体很轻的时候，两者之间的差异很容易察觉，而当物体变得更重，为了察觉两者之间的差异，它们之间的差别也要相应增加。从类似实验中，他总结出差异感觉量不是取决于两者差异的绝对值，而是取决于这一绝对值与标准重量值的比例。这一公式后来被称为“韦伯定律”（Weber's law），成为实验心理学这座大厦的主要奠基石之一。

一方面鉴于生理学家们所已经掌握的、事实上属于心理学性质的那些知识的大量增长，另一方面又鉴于一些哲学家越来越倾向于 7
专门从事心理哲学的研究，我们或可以期望在19世纪中叶之前，这两种倾向可以结合成为一门现代模式的科学。但事实上，或许是因为实验的方法还没有成熟到足以解决心理哲学家们感兴趣的那些问题，所以，这一结合直到下一代人时才发生，尽管当时的心理哲学家们变得更加经验主义，这一点从贝恩（Bain）的作品中可见一斑，而一部分生理学家变得更加心理学化，赫尔姆霍茨（Helmholtz）就是最典型的例子。赫尔姆霍茨是位列第一流的科学家，他研究了有关视觉和听觉的全部现有知识，又对所有这些知识亲自加以检验，从而加入了很多新的发现，并将所有发现总结成两本著作，一本关于视觉，另一本关于听觉，大约出版于1860年。他还在神经传递速率的研究过程中，给出了“反应时”（reaction time）的第一次测量，这一研究主题立即被荷兰生理学家唐德斯（Donders）采纳。

与赫尔姆霍茨一起常被提及的另一个人是费希纳（Fechner），他是物理学教授，兴趣广泛，并具有对哲学的某种神秘主义气质。当他思考物理世界和心理世界关系的问题时，他无意中发现了前面提到的韦伯关于物体重量及其他刺激物的感觉差异的研究工作，并由此想到，这类实验研究为我们提供了一种新的方法，以建立刺激
8 物与由此产生的感觉之间明确的定量关系，其中刺激物代表物理世界，由刺激产生的感觉代表心理世界。沿着这一思路，他做了大量实验，设计出了适当的方法来开展这些实验并处理实验结果，经过多年的努力，终于在 1860 年出版了《心理物理学纲要》。作者撰写这部著作是怀有其哲学的意图的，而且，著作的题名也表明了具有哲学意义，但事实证明，这部著作的哲学意蕴并没有被普遍接受；相反，从心理学方面看，这部著作却被证明是非常重要的，因为它指明了针对某些心理学问题如何进行精确实验的方法。十至十五年之后，费希纳将相似的实验方法运用到美学问题上，提出美学作为科学应该是“自下而上”发展的：开始于对颜色、形状和其他简单物体的偏好的实验测定，然后逐步向上发展到对艺术的复杂对象之偏好的实验测定。

1870 年前后的情况大致就是这样的了。我们拥有这样一批心理哲学家，其最著名的代表有贝恩和德国的赫尔巴特派学者（the Herbartians in Germany），他们愿意致力于研究感觉和理智、情感和意志等这类问题，并且是因为这类问题本身值得研究而研究它们，而不是出于更高的哲学的考虑才研究它们。与此同时，在有关感觉和感官知觉、简单心理活动的速率以及其他相关主题上，我们拥有了数量庞大的而且还在不断增长的知识储备，同时还拥有许多

充分发展了的且实用性强的实验程序。这两条发展线索最终在一个人身上最明确地汇合为一体，这个人就是冯特（Wundt）。冯特最初是一个生理学家，主要是在赫尔姆霍茨和费希纳的影响下，同时 9
也受到哲学家赫尔巴特的影响，他很快转向了他称为“生理心理学”（physiological psychology）的研究上。这个称谓意味着这样一种心理学，它应该运用生理学的方法，也就是实验的方法，并充分利用来自生理学的相关知识。1874 年，他以此为题名出版了《生理心理学》一书。之后不久，他升任莱比锡大学哲学教授，于 1879 年在那里建立了第一个公认的心理学实验室，并开始派遣在实验心理学方面受过良好训练的学生去其他各大学纷纷建立实验室。在接下来十五年的时间内，特别是 1890 年前后，很多实验室陆续建成。然而，如果我们据此就断定冯特是实验心理学唯一的创始人，那显然是错误的，因为，几乎与他建立实验室的同时，相似的情形就已经在柏林大学、哥廷根大学、哈佛大学和约翰·霍普金斯大学开始，是由一些受费希纳、赫尔姆霍茨和其他生理学家直接影响的人——而不是冯特的学生——完成的。

在 1880 年的时候，实验心理学的研究范围远不及心理哲学研究范围那么广大。物理学家和生理学家们已经说明了如何研究感觉及某些特殊种类的感官知觉、如何测量简单心理操作的时间；此外，还有费希纳研究审美偏好的方法等。但几乎没有任何迹象表明实验可以被富有成效地运用于记忆、思维、意志、情绪以及其他一些具有重大心理学意义的主题上。因此，实验心理学最初看起来似乎只是作为整个心理学学科整体中一个相当有限的专门部分出现的。然而，此后不久，艾宾浩斯（Ebbinghaus）就提出了他的记忆 10
实验，并引导出数量巨大的后续研究工作。稍晚些，美国心理学家就发现，实践和习惯形成是实验研究富有成果的领域；而且，就其总体情况而言，学习过程显然已经进入了实验心理学的范围。心理意象（mental imagery）和观念的联想（association of ideas）也已经被发现经得起实验的检测；而且，情感和情绪，甚至思维和意愿，尽管难以捉摸，也已被实验主义者克服了，还取得了一定程度的成功。总之，现今的实验心理学家是不会在敌人面前放下武器的；实验心理学从成为一门科学的特殊分支开始，作为一种有效的研究方法，已经在整个领域内赢得认同。的确，实验不是研究心理现象的唯一的好办法，但可能是所有可用方法中最有效的。现代化的标准所要求的，未必是实验的运用，而是一些特定的、值得信任的观察现象的方法的运用，以及通过特定的观察对任何假说的检验。

上述关于心理学现代化运动的起源与发展的概要说明，如果就以这个形式加以呈现而不给出必要的补充，那么，它或许代表了对于这场运动的普遍接受的一般观点，但是在一些重要方面，它又是相当具有误导性的。遗漏某些重要的贡献是错误的。新心理学并不是完全从心理哲学与生理学结合的基础上产生的，它的起源要复杂得多。

11 几乎在费希纳的《心理物理学纲要》问世的同时，一部更伟大的著作，即达尔文的《物种起源》也（于 1859 年）问世了。由这本书所引起的关于生物进化的巨大兴趣，不可能不延伸到有关心理发展的研究领域中。达尔文自己就著有《人类和动物的表情》一书，而罗马尼斯（Romanes）以及其他人很早就进行过有关心理进化的专门研究。起初，这方面的研究工作赖以进行的事实，大多是逸事性的（anecdotal），直到 1899 年，桑代克（Thorndike）指出了这类证据的谬误性质，并提出对动物智慧的实验研究，由此标志着实验心理学与心理发展的生物兴趣二者的结合。

进化关系着个人以及整个种族的发展；达尔文自己就曾有史以来第一次系统地研究过一个孩子的心理发展。斯坦利·霍尔（Stanley Hall）早年特别钟情于这一研究领域，并积累了大量的观察资料，虽然他的这些观察研究与实验心理学并没有直接关系，而是受支配于对进化的生物学兴趣。但是，近年来，实验方法被越来越多地运用于儿童心理学的研究之中。

进化的主题与遗传和变异紧密相关。与达尔文关系密切的高尔顿（Galton），完全有资格与冯特相提并论而成为现代心理学的创始人之一。他研究过意象及其他各种心理特征的个别差异，收集过有关心理能力之遗传的资料，并力图发现遗传因素与环境因素各自对个体的性格和心理特征的影响程度。他为研究变异和各种特质之 12
间关系引进了重要的方法。卡尔·皮尔逊（Karl Pearson）等很多人都继承了他的这一点。为了研究心理差异，高尔顿提出了心理测验（mental tests）的概念，由此在实验心理学与有关的生物学兴趣之间建立起了联系。他的这一思想动向立即赢得卡特尔（Cattell）的追随，之后又赢得一大批心理学家的追随，所以，这方面的研究成果自然也十分显著。综观当前心理学研究的整个领域，我们可以获得这样的印象：虽然如前所述，心理学中经验观察的主导方法是来自物理学的，但是，就心理学所关心的主题兴趣而言，其中很大一部分要回溯到生物学特别是进化论的研究中。

对心理学而言，与其生物学来源的研究兴趣紧密相关的，是其人类学来源的研究兴趣，这两个学科都关心种族的心理发展。显然，正是得益于语言知识的急速增长以及关于印度语和欧洲语言之间密切关系的发现，这方面的心理学研究才得以开始。既然语言被普遍认为是思想的表达，那么就可以根据语言的历史和比较语言学的方法来追溯人类思想的历史。大约在 19 世纪中期，盖格尔（Geiger）、麦克斯·缪勒（Max Müller）、格拉德斯通（Gladstone）等人就尝试根据语言学和比较神话学的资料，来撰写人类心灵历史的不同章节。19 世纪 60 年代，在德国甚至还出版并连续刊行过数年的一本含有“民族心理学”（folk psychology）一词的杂志，这
13 或许是第一本带有“心理学”这一名称的科学期刊。老一辈的民族心理学家们，他们的研究方法和研究预设都没能经得住时间的检验，因为现在已经得到公认，语言绝不是思想和意识的清晰明确的表达，而且，语言在种族间极易传播，这也使得通过语言史来追溯种族史变得不可能。当然，尽管如此，民族心理学对于心理学的普遍的现代化运动的贡献仍不容忽视。至少就下面这一点而言，即民族心理学也是以在经验上得到确定的事实作为它的研究的出发点的，它和整个心理学现代化运动中的其他因素是类似的。它掌握了大量资料，只要能设计出好的方法对这些资料进行开发利用，就必定能极大地丰富心理学这门科学。

另一个对心理学的现代化运动做出的重要贡献仍需一提。异常心理学（abnormal psychology）或病理心理学（pathological psychology）的起源，基本独立于上文已经提到的那些影响因素。在这里，我们拥有的，是促进心理学之现代化的来自医学的一系列影响。

1791 年之前，精神病人很少能引起科学研究的兴趣。他们总是被忽略或者被限定为危险的人群，总而言之，他们处于凄惨的境地。也就在这一年，在巴黎的萨尔帕特里哀（Salpétrière）医院，

皮内尔（Pinel）迈出了伟大改革的第一步：正如一幅著名的油画中所描绘的那样，他解除了被监禁的精神病人身上的铁链。换句话说，他减少限制，寻找一种人性的、合理的治疗方法，他认为精神病人是病人，他们需要的是医疗照顾而不是惩罚。由此，诞生了一个新的医学专业，即精神病学（psychiatry），或者说心理疾病的治疗。这项改革很快传到其他国家，连续几十年不断得到支持，尽管 14
时至今日这项改革工作仍未完成，因为在有些地区，甚至是在我们美国的一些地区，在对精神病人的治疗上仍然不比18世纪时的标准先进多少。从心理学的观点来看，这项改革工作的重要性在于，伴随新的治疗方法而兴起的，是对精神错乱现象的新的关注、对作为病理现象而存在的不同的心理类型的认识、对疾病进程的探查、对发病根源的探究等。我们发现，在19世纪中叶，莫罗（Moreau de Tours）和莫兹利（Maudsley）等人都著书立说，这些著作从本质上说都是关于变态心理学的，而且近年来对于这方面的关注度大幅增加了。在过去的几十年里，这一运动也同实验心理学建立了联系，乃至于现在我们发现，很多心理学家们成了隶属于一些先进的精神病医院的专职人员。

1800年左右，才有了对心理缺陷者的第一波科学研究的兴趣，在此之前，他们完全被社会忽略。伊塔（Itard）认为，只要教学方法选择得当，傻子也能教好；他的尝试尽管不是非常成功，但却引起了人们的兴趣，并引导着医生进行进一步的研究。至18世纪中叶后不久，沈干（Seguin）认真努力并成功地设计出一些方法，用来教授心理缺陷者们有能力学习的东西。结果，社会对这类人群变得更加理解和人性化，虽然我们对待心理缺陷者的方式要想达到对 15
待精神病人那样，仍有许多事要做。在这个发展方向的较近的历史中，有两件事特别值得我们注意。第一，当比奈（Binet）为确定智力水平和诊断心理缺陷而设计了非常有用的系列测量工具之后，他就又一次建立了实验心理学与变态心理学在现代心理学运动中的联系。第二，近来在优生学方面兴趣的发展，虽说主要是生物学问题，但也在向心理学方面延伸，特别是心理缺陷及其遗传性问题，这就将三者结合到一起并有望成为一项重要的运动。

催眠术（hypnotism）的历史一般被归入心理治疗的历史，它与现代心理学发展之间的关系也是不容忽视的。不管有多少人以多少种名义进行过多少种实践，我们暂且不考虑其差异性，所有这些实践在本质上都是同一的，被统称为催眠术。关于催眠术，我们要从麦斯麦（Mesmer）的“动物磁力说”（animal magnetism）开始说起。麦斯麦是一位有着科学兴趣的维也纳医生，尽管他性格中的神秘元素表现得更加明显，1770 年左右，他提出人与人之间传递的磁性影响能产生治疗效果的理念（某种程度上说，这其实是个很古老的理念）。他发现这种磁性在他自己身上特别强烈，并声称要利用这种方法进行治疗。1778 年，他移民去巴黎，他的疗法引起极大的震撼，治疗过程很像魔术师的表演，他让一些易受影响的受治者产生精神恍惚和惊厥，似乎还治愈了一些如今被称为神经症的疾病。一个皇家专门调查委员会，包括拉瓦锡（Lavoisier）和本杰
16 明·富兰克林，调查他的疗法是否属实，结果对他的动物磁力学说提出反对意见，但是他治愈病人的事实问题却悬而未决。催眠术的治疗实践一直得不到科学的认同，直到 1830 年左右，这次由巴黎医学院指定了第二个委员会调查催眠术，并报告部分治愈情况是真实的，但没有对动物磁力理论做出判断。然而，事件中一些悬而未决的现象确实引起了注意，如易受暗示性的恍惚状态，以及之后频

繁的记忆缺失。晚些时候，英国外科医生布雷德（Braid）第一次对催眠现象做了科学的解释，给出了比动物磁力说更加合理的解释。从此以后，催眠术被一些神经科专家采用；但是，直到沙可（Charcot）和李厄保（Liébault）登上历史舞台时，即在 19 世纪 70 年代，催眠术才得到彻底的探讨，它的心理学意义也才得到强调。有一群年轻人追随沙可，利用催眠作为一种研究方法，试图以此获得对有关现象进行心理学解释的线索。

沙可的名字在神经症，尤其是歇斯底里症的历史上也是很著名的。他的学生们，其中特别是让内（Janet）和弗洛伊德（Freud）尤其值得注意，他们试图彻底了解这些令人困惑的现象的心理学原理，并从中推演出据以理解常态心理的有关信息或线索。因为那时人们已经感觉到，这些异常的心理状态，无非是正常的心理功能以一种夸张的和不平衡的方式得到表现而已。

近年来，心理学正在经历着一种新的影响。前面提到的那些影响，都来自古老的学科，而现在这些新的影响则来自生活实践的领 17
域，并包含对心理学提出的要求，要求它抓住机会提供实际应用。心理学在历史上最长久和最广泛的应用领域是教育实践。教育心理学从一开始仅仅是尝试利用已有的一般心理学结论来指导教育实践，现在已经发展到这样一个阶段，即利用它自己的实验来解决它自己所面临的问题，从而有助于增加而不是仅仅利用心理学的知识储备。目前看来，工业心理学、商业心理学、法律与犯罪心理学等，都还没登上独立发展的舞台，但是，鉴于这些领域都急需心理学家们的加入，我们可以期待，在这些分支领域很快就会涌现出专业的心理学家，而他们在各自的专业领域内开展的工作，也必将有助于普通心理学的发展。由此可以预期，将来构成心理学作为整体之主流的那些支流，与目前构成心理学的支流相比，将在数量上更多，在性质上更加多元化。

由如此众多的支流汇合而成的现代心理学，它本身必然是错综复杂的。当然，尽管有其复杂性，仍然有一个强大的趋势引导这些不同的支流汇集成一个主流。它们趋向于统一，主要表现在方法上的统一，因为实验的方法正被越来越广泛地采用，虽然它本身因为要适应各种不同的要求而变得多样化。在相当大的程度上，心理学的不同的研究兴趣也显示出一种统一的趋势，这个统一的趋势就是普遍地把遗传问题的解决作为所有分支领域的研究工作的共同目
18 标。关于起源和发展的问题，显然是儿童心理学和心理遗传研究的主要兴趣，同时也是关于学习过程的多种多样的研究工作的主要兴趣；现在，这些问题也已经成为病理心理学研究的主要兴趣所在。在实际生活中，我们时常可以碰到那些固执到自欺欺人程度的人，对于这样的人，我们不仅希望检查他当下的心理状态，并探明他的固执是不是因为在错误的前提下进行正确推理的结果，而且，我们还希望能够超出他的当下状态，进一步探究他是如何接受那些错误的前提并根深蒂固地将这些错误的前提当作他的世界观的。即使是在传统的实验心理学领域，也表现出这样一个越来越强劲的趋势，即对于一个行为表现，更加强调从其发展的历史来理解它，而不仅仅是简单地从其表现的实际情况来理解它。

或许可以说，没有其他任何人能比已故的威廉·詹姆斯（William James）更好地阐释了现代心理学的全貌和趋势。他将古老的心理哲学，特别是英国的联想主义学派作为其研究背景，却敏锐地意识到其中的不足，并同样敏锐地意识到要从德国心理哲学中找到必要的补充来弥补这种不足。詹姆斯是经由生理学实验室的道路进

入心理学的，在改行专治心理学之后，他依然保留着对心理学的生
理学观点，对新的实验心理学抱持完全友好的态度，而且很早就亲
自进行实验。费希纳、冯特及其学生们早期的实验工作并没有给他
留下特别深刻的印象，那些工作在他看来都相当形式化、迂腐，甚
至缺乏真正的心理学洞察。他经常蔑视地称之为“铜管乐器心理
学”。尽管如此，他还是留意了他们的研究并从中汲取有用的信息。 19
从他的《心理学原理》整部著作的大意以及关于本能和习惯的特别
值得称道的章节中，都可以看到他对遗传学问题的兴趣。他强烈赞
同法国的变态心理学派，并能从这一学派成员的著作中找到很多有
价值的信息。一言以蔽之，他在他的科学事业中显然一直都保持着
国际主义视野。事实上，每个优秀的心理学家都应该是一个国际主
义者。他的伟大著作《心理学原理》，比其他任何心理学著作都要
出色很多，可以同时被看作对古老心理学的总结和对现代心理学观
点的导引。

第二章
心理学的问题与方法

20 当今的心理学有一个很奇怪的现象，就是关于它的正当的研究路线是什么并不确定，或显得不确定。我们可以发现，在近期的有关讨论背景中，关于心理学的真实的目标是什么以及这门科学的定义是什么、关于这门科学应该采用什么样的研究方法等，都广泛存在着意见的不一致。方法问题当然是与目标问题紧密相关的。有些人认为，对心理学而言，唯一正当的目标，就是追求实现对意识的科学的分析与描述，与此相应，所采用的方法就必须是自我观察（self-observation）或内省（introspection）。但另有一些人则否认对意识可以进行科学的研究，或是否认内省是构成科学研究的一种有效方法。他们主张，心理学的目标应该是描述人类行为，其研究方法则是对行为的客观检测。对于局外人来说，心理学问题的这种悬而未决的状态，乃是其先天不足之自然而然的表现；一些视野开阔的心理学家也是这么认为的。或许我们应该承认，这是心理学还不成熟的表现；但是，问题倒也没有像它初看起来那么严重。在讨论这些理论问题的时候，心理学家们并不是在混时间，而是采取合适的方法去解决他们各自感兴趣的问题。尽管努力地去尝试定义一
21 门科学的范围自有其价值，但这毕竟不是这门科学的最基础的工

作。一门科学不是从关于它的定义开始的，仿佛它的任务是由一些上级权威指派给它的似的；相反，科学的进程乃是从一个问题过渡到另一个问题，而在它的进程中，当已经获得的知识打开了通往未知知识领域的突破口时，它经常会发生意想不到的转变。无论何时，一门科学的最好定义，都应该是通过归纳来源于已经完成的研究结果，同时考虑到那些有一定解决可能性的问题而获得的。按照这种方式，鉴于对意识和行为的研究都富有成果且充满希望，关于当代心理学的定义，应该同时涉及意识和行为这两者。

我们先来看看，关于意识的研究在付诸实施时是怎样的一种情况。很明显，意识领域不仅包括情绪和观念，而且也包括感觉经验。事实上，在心理学中，很多进展都是在有关感觉经验的研究中取得的，因为感觉经验可以通过适当的物理刺激来任意激发，因而很容易就可以被选定为实验研究的对象。描述感觉的第一步就是分类，即根据其相似性和差异性，对各种各样的感觉经验进行分组归类。比如说，在光感领域，我们可以把彩色或颜色感觉划归一组，把无色的黑-白-灰感觉划归一组，又将这两组相区别；在声音的感觉领域，我们可以区分出音调和噪声。又比如说，对皮肤的探究能揭示出压力、暖、冷以及痛等感觉；对嗅觉的探究使我们能区分大约八至十种气味。

描述感觉的第二步只能在某些特殊的感觉情况中进行，关键在 22
于根据相似度对一组感觉按特定顺序进行排列。音调可以按照从高到低的顺序排列，颜色按照从红色、橙色、黄色、青黄色、绿色、蓝绿、蓝色、紫罗兰色、紫色，再回到红色的顺序排列。任何种类的感觉都可以按照它们的强度排序，就像颜色从浅到深，音调从大到小，气味从强到弱。很明显，作为一种描述，这种可实施的排序比简单分成不相关的种类的实施效果更令人满意。

描述感觉经验的第三步是分析，味觉就是一个很好的例子。通常，每品尝一种食品，我们会使用一种独特的味觉，但是，尝味时捏住鼻子的简单实验却证明了，大多数独特的味道，其实是嗅觉添加给味觉的。捏住鼻子时无法区分咖啡和奎宁溶液、苹果酱和洋葱酱，它们之间的区别事实上在于气味而不是其本身的味道。因此，这样的味道其实都是复合物。但是甜味、酸味、苦味和咸味都是真正的味道，没有嗅觉也不会消失。此外，任何尝试分析这些味道的努力都失败了，所以，这些味道就被当作基本的味道。特别是在音调领域，也成功地进行过类似的分析。描述心理学（descriptive psychology）致力于发现所有的基本感觉，并揭示其中哪一个基本感觉进入了哪一个复合感觉。换句话说，它试图在心理学中完成类似分析化学在化学中所完成的那种任务。

23 关于感觉的描述心理学的第四个步骤，是检测各种元素结合的模式（modes of combination）。我们或可以区分出两种这样的模式：复合模式（blends）和组合模式（patterns）。当两种或两种以上的感觉复合在一起时，由此形成的复合体，是一个在种类上与组成它的各感觉元素同样性质的感觉，而且，这个复合体作为一个感觉，在被初步感受时，确实像是其中的一个元素，虽然集中的注意也还能够分辨出其中每一个组成成分。柠檬水的味道是甜味、酸味、柠檬味和冷感的混合；但是对于喝它的人来说，经常感觉到的只有柠檬水的味道，不多不少。组合模式是其中各成分仍保留各自特质的一种结合，因为这些成分的存在方式是在空间上一个挨一个，或在时间上一个接一个；尽管如此，这种组合有它自己的统一性，有不同于其中各个组成成分的它自身的特性。多条有色光束一个挨一个地排列构成一种组合，这种组合有它自身的某种特殊性质，但我们却不能像称多种味道的混合为一种味道那样，称这个组合为一种颜色。同样，一段旋律构成一种组合；更好的例子是听到的一个词，它是由元音和辅音以一定的顺序构成的，但听起来是一个整体。

从上述有关感觉经验的已完成的描述研究的概况可以看出，在这一具体问题上已经取得了很大的进展。与感觉经验的描述问题相类似的另一个问题，是有关记忆、想象、思维、情绪等的意识过程的描述问题，而这些方面的相关研究则困难得多，部分原因在于个体在这些方面比在感觉方面差异更大，部分原因在于这些过程不能 24
引起与预期相同的确定性，并因而难以进行实验控制。在这些方面，虽然对心理意象的研究工作完成得比较好，在描述思维的意识过程方面也有了建设性的开端，但是总体而言，进步相对较小，而且对迄今所获成果的正确解释存在很多异议。

综合考虑关于心理学作为意识研究的结论和前景，不禁让人怀疑，这是不是我们想看到的心理学。确实，对意识的描述无论如何完美，都不可能完全满足对心理学的兴趣与好奇心。它不能自负地断言，它能告诉我们所有那些关于心理生活和行为表现的我们所希望知道的。意识描述的最明显的缺陷在于这样一个事实，即心理过程并不完全是有意识的，所以，意识所能给出的，只是知觉、记忆、思维和行动等的真实过程的零星片段。具体的例子有助于说明这个情况。一个未经学习、尚未掌握的行为，在开始学习的时候当然是不熟悉的，在学习的过程中，对构成这一行为的动作系列的每一环节的练习，都必然伴随着对它的意识，但随着练习的不断重复，行为的动作系列变得越来越流利、越来越自动化，因而也越来越少有意识的参与、伴随。面对这种情况，我们该怎么办呢？我们是否该让心理学家专门研究对不熟悉行为的练习操作过程，而把对那些熟练地掌握了的行为的研究转交给其他科学比如生理学呢？但这显然是一种错误的劳动分工，使得那些被熟练掌握的行为的发生过程永远得不到研究，并因而不能被理解。再者，任何复杂的心理活动过程，尽管有一部分处于清晰的意识之中，但也有一部分只是
25 模糊地被意识到，另有一部分则是根本意识不到的；然而，这样的心理活动无论如何都应该作为一个整体来研究。对心理学而言，将注意力局限于意识，就好比描述万花筒中不断变幻的视野而根本不考虑万花筒的机械功能。这样的描述或研究虽然因为五彩缤纷而有趣，但总体而言，却因为停留在知其然而不知其所以然之肤浅，所以是微不足道的。

把心理学构想成是意识的科学还有另一个困难，这个困难已经被动物心理学家敏锐地察觉到了。任何一门科学，都应该尽可能建立在直接观察的基础上，但对动物心理学而言，动物心理学家们却处于一个极为不利的地位，因为他们完全不可能直接地观察动物的意识。如果动物心理学家有方法，能从动物的行为中准确地推断出动物意识，那么情况还不至于如此糟糕；但是，这种推断完全基于类比而不是基于逻辑上合理的前提。试想，我们正观察一个动物以某种特定的方式在执行某一行为，并推想，如果我们处于类似的条件下执行这同样的行为，那么，我们的意识经验应该是如此这般的，所以，这个动物在执行这个行为时，它的意识经验必然也是如此这般的。但是，这个推理过程不是可靠的，因为所要求的大前提其实意味着：如此这般的行为表现必然伴随着如此这般的意识经验，但这个大前提是否为真，我们是无法知晓的，除非我们能直接

观察到动物伴随其行为的意识。除了这个逻辑上的困难以外，当动物的行为被拟人化地加以解释时，在这个解释的每一个细节处，都有很大的犯错的可能性。因此，动物心理学家在此面临着这样一个两难困境：如果他认为他所做的工作是心理学的，那么，他就被要求必须描述动物的意识；但是，如果他尝试去描述动物的意识的话，他的工作就不再是科学的了。但与此同时，动物心理学家自己却完全清醒地意识到，他正在对动物的行为做科学的观察，而他所研究的动物的行为，与人类的心理活动乃是同一类的科学事实，尽 26
管其解释还不如后者那么详尽。

让我们来审视一下动物心理学家们所做工作的性质。近年来，这些工作几乎全部都是通过实验方法进行的。

有一个研究传统是针对不同动物物种的本能的或先天的能力的。斯帕尔丁（Spalding）试图探明，飞行是不是鸟类的本能。他的做法是，将刚刚孵化的幼鸟关进狭窄的箱子，让它们难以伸展翅膀，而且，箱子的构造也使得它们不可能看到箱子外面，并因而也就不可能通过观看成年的鸟飞行来学习飞行。他一直将这些幼鸟关在这样的箱子里精心加以饲养照料，直到这个种类的鸟在正常情况下开始飞行的年龄，然后将它们放出来，结果发现，它们飞得很敏捷、很好，飞行中能聪明地避开障碍物。很明显，飞行是本能而不是后天学习的。

桑代克曾以雏鸡做实验。他将一只新孵出的小鸡放在距离地面的高度不同的平台上，结果发现，在高度很小的时候，小鸡毫不犹豫地跳下，高度适中的时候，小鸡犹豫地伸展翅膀，而当高度很大的时候，小鸡在平台上就不动了，因此这就显示出了一种先天的距离感，显示出了对三维空间中的第三个维度的一种反应。

斯科特（Scott）为了研究的目的养育了一些幼年的巴尔的摩黄鹂，他的饲养条件是不让这些幼鸟听到同类成年鸟的鸣叫声，结果发现，这些幼鸟虽然能够发出它们自己的鸣叫声，但它们的鸣叫声与这个种类中经常听到的那种鸣叫声是不同的。斯科特因此推断，
27 这个种类的鸟特有的鸣叫声，并不是由本能倾向决定的，而是幼鸟从成年鸟那里学习来的，并一代代传下去。

动物心理学领域的另一个研究传统，是关于不同动物物种的智力的，也就是关于它们的学习能力的。一个典型的例子就是桑代克关于猫和狗的迷笼实验。他将一只饥饿的猫放进一只笼子里，透过笼子的板条，猫可以看见或者闻到放在外面的一些食物。笼子的门可以从里面按按钮或通过其他简单操作打开。饥饿的猫一进笼就立即费尽力气想出去获得食物。它尝试从板条缝中挤出去，东抓西咬，在这些努力的过程中，偶然碰到了开关，打开门获得了食物。在一个新设计的迷笼实验中，饥饿的猫都要经历上述同样的行为过程才能逃出迷笼。但是在重复的实验中所需的时间逐渐减少，它逐渐省去越来越多无用的活动，直到最后它一被关进笼子就直接按下开关打开笼子。在进一步的实验中，猫的反应还是这样，这表明它掌握了逃出迷笼的诀窍。关于猫的学习发生的方式，我们可以从它的行为上推断出来。没有任何迹象显示饥饿的猫是通过内部心理过程来完成这整个行为过程的，因为它在不断地运动，急切地从笼子的一个装置转到另一个装置，对其中每一个能激起它的行为反应的装置做出反应。此外，学习的过程是渐进的，正如逐次实验的时间所示，而且学习的过程似乎在于逐渐
28 减少和消除那些以失败告终的行动趋势，同时逐渐加强成功的行动趋势，没有从盲目的“尝试与错误”（trial and error）到正确道路的突然转变。转变是有的，但不是像人处在同样情况下因为洞察到问题情

境的实质而突然发生的。

在动物心理学中，已经完成了很多类似的迷笼实验、迷津实验等等，而且是以很多种不同的动物物种为被试的。总体而言，这些实验的目的是要发现是否所有物种的动物都具有一定的学习能力，其学习发生的速度如何，每种动物能解决的问题其困难程度如何，年龄对于学习速度有什么影响，教会动物某种行为的最好方法是什么，除了尝试与错误之外模仿是否也是一种学习方法，一项行为技能在学会之后能保持多长时间，大脑的哪些结构单元与已习得之行为的表现有关。

还有一个研究传统是关于动物的感觉和它们的感觉分辨能力的。针对这一问题所完成的实验，通常也都属于学习方面的实验，其中的问题情境可简化为动物是否能够学会针对两种不同的刺激条件比如说两种不同的颜色做出不同的反应。设想这样一个实验，其目的是要测验一只猫区分蓝色和灰色的能力。将猫放在两扇门前，其中一扇门带有蓝色斑点，另一扇门带有灰色斑点。当它打开蓝色门的时候它找到了食物，而打开灰色门则什么都没有，甚至可能有某种惩罚。蓝色和灰色的标志经常互换，所以猫不能通过位置来判断。在一系列实验中，猫常常选择带有蓝色标志的门，这表明它能在两个用过的刺激物之间做出区别反应。但是，如果它要应对的是
亮度差异而不是颜色差异，结果会怎样呢？为了验证这个问题，当 29
猫对蓝色的反应确立以后，逐渐将灰色变得更浅或者更深，结果发现，事实上［由科尔（Cole）做的实验］，猫能够发现灰色的亮度变化，所以不再总是选择蓝色，而是随机选择蓝色或灰色的门。从这类研究中可以看出，猫和狗以及很大一部分动物可能不具备辨别颜色的能力，也就是说，它们不具有根据其波长对光做出区别反应

的能力。但是，母鸡对波长的差异具有敏锐的感知，而且很可能所有的鸟类也都是这样的。猴子似乎也能分辨不同的颜色。

很显然，动物心理学家的观察都是客观的，他们的结论都直接来自动物在对刺激做出反应时的行为事实。而且，从这样的观察中总结出行为方面的一般结论，这也是很自然的事情，事实上，动物心理学家们已经总结出了大量的这样的一般结论。因此，动物心理学完全可以称得上是科学的。那么，它能称得上是心理学吗？它致力于研究的本能、学习、辨别力等，也是研究人类心理的学者所必须考虑的。要说其中的差别，只在于动物心理学不研究意识。就目前的形势看，我们或可以预期，当动物心理学家把他的注意力从动物行为回转到人类或普通心理学时，他定会问：难道科学的真正目的不是要研究行为吗，无论这行为是动物的行为还是人类的行为？在动物心理学家中，最激进者的观点①是要完全排除意识研究，而
30 且，按照他们的构想，要抛弃几乎所有的既得的关于人类心理学的知识，另起炉灶。他们将动物心理学作为一种模式，将客观方法作为观察的唯一方法，将科学地描述对刺激的反应作为所有心理学的目标。

这个主张听起来颇具革命的意味，但实际上却并不真的像它听起来那么具有革命的性质。心理学绝不是直到现在才开始研究人类行为的，意识心理学家也从来没能一统天下地把心理学控制在他们所理解那种模式之内。1904 年，卡特尔在总结二十多年来指导他从事研究和教学的基本信念时②，他是这样说的：

---

① 参见 Watson, *Behavior: An Introduction to Comparative Psychology*, New York, 1914。

② 这是卡特尔在圣路易斯召开的艺术与科学世界大会（International Congress of Arts and Science）上的发言，后刊载于本次大会的报告中，并发表于《通俗科学月刊》（*Popular Science Monthly*）1904 年第 12 期上。

> 我不相信心理学应该局限于意识本身的研究……内省的分析和客观的实验之间没有冲突，相反，它们应该继续而且事实上也一直保持着合作。那样一个流传甚广的观点，即没有内省就没有心理学，已经被已获得的事实强有力地驳倒了。我认为，我自己已经完成的研究工作或是在我的实验室里已经完成的工作，就其绝大部分而言，几乎与内省无关，就像物理学或动物学的工作与内省无关一样。

尽管在试图给心理学下定义时几乎没有人表达出类似卡特尔这样的观点，但是，事实上，自从费希纳时期以来所已完成的全部实 31
验工作，其绝大部分是关于人类行为的，而且，如果有哪个实验涉及意识，那也只是附带地涉及意识的。在实验研究中，一个典型的实验形式是给被试分配任务，再测量被试执行任务所获得的成就，实验过程也包括实验条件的变化和对任务执行中产生的变化的观察。费希纳自己关于微小差异知觉（perception of small differences）的研究工作就属于这种类型，虽然他对此的解释多少有些牵强。而且，很大一部分心理物理学的后续研究工作，也可以说是这样的。有关反应时的研究工作亦属此类，因而经常受到那些更加热心的内省主义者们批评，他们的批评的根据是这种研究没能对意识加以描述。大部分关于记忆和实践的研究，也可以说是属于这种类型的。最后，关于个体差异、遗传性、心理发展和异常情况的研究，基本都是通过客观方法完成的，而且也是由于这个原因，这些研究工作所获得的，是有关行为的而不是有关意识的成果。确实，内省有时候能与客观的研究程序相结合，近年来还达到了与日俱增的程度。而且，客观的研究程序的结果，还经常以意识经验的术语加以陈述，而不是以纯粹的客观条件和动作反应的术语

来陈述，这也是事实。但是，清除所有这些内省的、解释性的材料，并以客观研究程序所获得的成果为基础写成一部心理学，从
32 而使之成为严格意义上的行为科学，这其实并不难。如果真有人能写成这样的心理学，那么，这个心理学也绝不会蜕变为一个思想贫乏的知识体系。

现在的问题仍在于是否有必要这样做——极端的行为主义者们要求清除所有内省以及描述意识过程的所有努力，他们的这种要求究竟是不是正确的。他们的反对意见，主要是针对内省的方法，这种方法在他们看来是不值得信任的。在回答这个问题之前，我们花些时间对内省这种观察方法加以检验，也许是值得的。

内省可以定义为个体对自身心理过程或对外界事物产生的印象的直接观察。这是一种只有个体自身可以做出的观察方式。实际上，内省有两种很不同的形式。其中，比较简单的一种情况，就是让被试观察并报告外界事物对他产生的印象。例如，你让他看两种颜色，问他哪一种颜色看起来更明亮，或问他哪一种颜色是他更喜欢的。被试只需要完成一个任务，而且，这个任务在本质上与客观观察中的任务是一样的。你问被试“这两种颜色哪一个更明亮?”或者你问他“哪一个给你的印象是更明亮的?”，这两个提问其实没有太大的区别。一种情况，你被要求识别客观事实，另一种情况，你被要求观察你对客观事实的感觉反应，但在大部分情况下，其结果都是一样的。只有当观察者利用客观事实的“第二标准”（secondary criteria）来判断，从而没有考虑对明亮度的印象时，困难
33 才会出现。但是，这种困难应该通过排除第二标准的可能性加以避免，因为，如果第二标准出现的话，几乎不可能防止被试不受影

响。只要避免了这种困难，事实上内省的简单形式和一般的客观观察之间就没有区别了，因而也就没有理由使用“内省”这一专门术语来指称这类观察。

内省的更加复杂的形式，是指观察内部心理过程（inner mental processes）的情况。在这种情况下，被试要完成双重任务：在执行某种心理操作的同时对这个过程加以观察。在执行第一项主导任务的过程中同时执行第二项观察任务，这其实是很困难的，而且通常是不可能的，所以，唯一可行的办法就是先执行第一项主导任务，然后毫无耽搁地立即回转心意，对刚刚发生的心理过程加以观察。具体地举例来说，如果作为主导任务的那个心理过程是一个问题解决过程，那么，被试首先要全身心地投入问题解决中，之后回顾问题解决的整个过程，并注意在这个过程中内心发生了些什么。如果整个过程只持续几秒钟，那么在结束时的回顾，通常能还原这个过程的大部分——或者说在被试看来是这样的。但是，即便做最乐观的估计，这种观察方式还是比在科学研究工作中已经普遍得到承认的其他观察方式更加困难。

由此我们可以预期，行为主义者也许不那么严格地苛求摒弃内省的上述简单形式，虽然他们表面上仍会这么说。如果摒弃了内省的形式，视觉后像（visual after-images）、音差（difference tones）以及很多其他所谓的“主观”感觉将会不复存在，因为它们至今 34
都只有通过内省才为我们所知。至于内省的复杂形式，或可以更加公正地加以排除。然而，就算是通过这种方法，也已经获得了一些很有规律的成果，以至于它们需要得到普遍的赞同，而且，即使是极端的行为主义者，对于这些成果，他们从内心来说也是相信的。最明显的例子就是习惯性行为逐渐变得自动化和相对无意识，因而不需要内省。然而，在有关学习过程和简单类型的思维过程的实验研究中，却也存在大量相反的证据，这些证据是由不同的观察者提供的，而且彼此一致、相互契合，乃至于任何人，只要他费神详细钻研这些证据，这些证据几乎就是不可否认的。

如果说极端的行为主义者意欲拒绝内省和意识作为心理学的正当方法和研究对象这种做法是错误的，那么，极端的内省主义者想要将通过客观方法进行的行为研究被排除出心理学，那同样也是错误的。目前看来，大部分心理学家倾向于同时祝福两派的热心倡导者，并希望他们都能在各自所选择的研究领域内取得成功。然而，就这两派而言，其中任何一方似乎都没有能够正确地构想心理学的真正问题应该是什么。

对于一个初学心理学的人来说，他只能以对常识的兴趣为基础步入心理学，也还不受专业心理学家的争论所困扰，因此，他会倾向于认为心理学这门科学的目标应该是相当明确的，并将这个目标表达为努力理解“心灵的工作原理”（the workings of the mind）。他寄希望于心理学的，是让我们知道，我们是如何学习、如何思考的，导致我们像我们实际发生的那样去感觉和行动的又是什么。换句话说，他对人类心理和行为的因果关系感兴趣，这个关系体系又可以称作心理动力学。

35 这不仅是一个常识性的观点，而且也是心理学史上最具主导性的观点。洛克作为心理学研究的最主要的推动者之一，将他自己的工作表达为计划“对我们的知性如何获得我们所拥有的关于事物的观念的途径给出解释”①。贝克莱（Berkeley）在其《视觉新论》的

① *Essay Concerning Human Understanding*，Book Ⅰ，Chap. Ⅰ，Sect. 2.

开篇就说："我的宗旨在于揭示，我们是由何种方式借视觉来知觉事物的距离、大小和位置的。"休谟在其著作《人类理解研究》中说，他希望，至少是在某种程度上，去发现人类心灵运作的秘密源泉和原理，恰如牛顿已经"确定了支配并引导行星运转方向的那些定律和力"一样。即使最近几年，心理学通常也在形式上被定义为关于意识的描述性科学，然而所研究的问题还是反映了心理学家的真实兴趣其实集中在因果关系上。

既然我们无望于找到终极原因（ultimate causes），我们便转向因果关系的研究（a study of cause and effect）。因果关系的研究，究其实质，意味着尝试对所研究的系统中的运动和过程获得一个清晰的观点，其中的运动和过程，既包括微观元素上的，又包括宏观趋势上的，同时注意观察记录其中所发生的任何一致性，以及那些使我们能够以一种有序的方式对该系统作为整体加以构思的规律。由此来看心理学，那么，无论是意识还是行为，都不足以为我们提供一个能够对之进行因果关系研究的具有内部统一性的诸过程的系统。意识不是一个连贯统一的系统，因为在意识中，有很多只能部 36
分地得到揭示的过程，是发生在意识阈限之下的；而行为作为对外界刺激物的一系列动作反应，也不是一个内在地连贯统一的系统，因为它不考虑介于刺激物和反应之间的过程。即使是意识和行为结合在一起，也不能提供一个连贯的系统，因为大部分介于刺激物和反应之间的内部过程都是无意识的。毫无疑问，我们不得不依赖脑生理学对这些内部过程进行详细的分析。但直到脑生理学能够给出这些分析之前——甚至是在给出这些分析之后，我们也应该从通过内省的和行为的心理学方法获得的粗略分析中得到一些满足。但是，无论如何，在这里，至关重要的是要保持动力学的观点，同时努力获得关于生命活动之心理层面的更加清晰的理解，而不是满足于单一地关注意识或行为的学者提供的零碎观点。我们要努力利用这两派的成果以及脑生理学的成果，来理解心理活动和心理发展的整个过程。

一旦我们获得了动力心理学的观点，两个基本问题就呈现在我们面前。这两个问题，我们可以分别称为“机制”（mechanism）问题和“驱力”（drive）问题。其中，机制问题涉及我们如何做一件事情，而驱力问题涉及诱导我们做这件事的是什么。试以棒球运动中的投球手为例。在这个情况中，所谓机制问题，就是他如何瞄
37 准、如何估计距离和路线、如何协调他的各个动作以产生希望得到的结果。而所谓驱力问题，则包括诸如此类的这样一些问题：他为什么要参加这项运动，为什么他有时投得好、有时投得不好，为什么他在面对有些击球手时更振奋，等等。我们由此可以注意到，机制问题都是用“如何”（How）来提问，而驱力问题则是用“为什么”（Why）来提问。现在，科学开始怀疑地看待“为什么”的问题，而代之以“如何”的问题，因为科学终于发现，“为什么”的问题的答案总是需要进一步的“为什么”，而朝这个方向的追问，永远也无法达到稳定和终点；反之，“如何”的问题的答案就其准确性来说总是很好，尽管这种答案甚少有完整的。在我们举例的这个情况中，驱力问题确也可以转化为机制问题，但我们将机制问题和驱力问题区分开，同样也是确有显而易见的理由的。无疑，人类生命活动的动因和源泉都如此重要，都应该特别予以关注。

如果我们以一部机器为例来考虑问题，那么，驱力与机制之间的这种区别会变得更清晰。在这里，驱力就是运用于机器，并使得

机器得以运转起来的那个能量；机器则是被推动而运转，因而相对来说是被动的。诚然，它的被动只是相对的，因为机器的材料和结构决定了运用于它的能量的传递方向。机制可以说是对所施加能量的反应并依此产出成果。但是，假如没有这一能量，机制就是不起作用的和僵死的。

在某些形式的机制中，如一支子弹上膛的枪，已储蓄好了的能 38
量存在于其中，在这种情况下，驱力的作用就是释放这已经储蓄的能量，剩下的工作就由这释放后的能量来完成。这种机制和生物的机制非常相似。肌肉中就含有储蓄能量，有待于碰触到肌肉的刺激物来加以释放，对肌肉而言，通常碰触到它的刺激物，就是伴随运动神经而来的“神经冲动”（nerve impulse）。在神经-肌肉关系中，神经驱动肌肉。伴随某一运动神经而来的神经冲动，产生于控制这个神经的神经细胞中所储蓄能量的释放；而这些中枢神经细胞，它们自身也都储蓄着能量，这些能量受到比如说来自感觉神经的神经冲动的刺激就会得到释放。感觉神经驱动着运动中枢，而它自己则受到来自外界又作用于感觉器官的刺激物所驱动。整个反射机制包括感觉器官、感觉神经、中枢神经、运动神经和肌肉，这个整体可以看作一个单元，它的驱力就是来自外界的刺激物。

如果所有的行为都是这种简单的反射模式，由针对现存刺激物的直接反应组成，那么，驱力与机制之间的区别就不那么重要了。如果那样的话，驱力就只能是外界刺激物，机制也就只能是整个的有机体。而且，从另一个方面来看，由于我们所说的“动机”（motive）乃是一种内在的东西，因此这样一个问题就会产生：我们能否成功地在驱力作为外界刺激物与内在动机作为驱力之间达成一致的理解？

为此，第一个步骤是，我们要注意“强化”（reinforcement）或“促进”（facilitation）和“抑制”（inhibition）这些生理学的事实。这些术语或事实，用神经生理学的话来说，意指不同的神经冲
39 动的结合，其结果是，在某些情况下，一个神经冲动增强另一个神经冲动，而在另一些情况下，则是一个神经冲动减弱或抑制另一个神经冲动。以大家熟悉的“膝跳反射”为例。这种由大腿肌肉引起的小腿的不随意运动，只能由击打膝盖前的肌腱引起（或换句话说，由严格定位在膝盖的局部刺激引起）。但是，膝跳反射的力度可以被来自身体其他部位的影响大大改变。在击打膝盖之前的那一片刻突然发出的噪声，会明显加强膝跳反射，而轻音乐则会减弱膝跳反射。紧握拳头，或咬紧牙齿，会加强膝跳反射。在这些情况下，引起膝跳反射的驱力，不完全是来自击打膝盖的局部刺激，大脑和脊髓中的其他神经中枢，它们自身受到外部刺激的唤醒，最终（与来自击打膝盖的局部刺激一起）决定了直接导致膝跳反射的那种运动中枢的驱力。如果在这个意义上说一个神经中枢可以构成另一个神经中枢的驱力，那么驱力这个说法还是有一定意义的。

如果任何神经中枢引起的活动都属于这一简单的反射类型，并只能由对当前的刺激物的直接反应所构成，那么，“驱力”这个概念就没多大意义了。因为，总的来说，有机体仍然是被动的，只是简单地对任何时候作用于它的复杂的外界刺激物做出反应。因此，对于我们的论证宗旨而言，以下事实乃是一个极其重要的事实：一个被激活的神经中枢，并不是在所有情况下经过短暂的释放后都立即回归到静息状态。它的活动状态的持续时间，比起激起它活动的刺激物的持续时间，要更加长久。一个神经中枢的这种残余活度

(residual activity)，可以作为另一个神经中枢的驱力。或者也还存在其他的情况：一个神经中枢可能被一个无法引起它彻底释放的外界刺激物“部分激活”(sub-excited)；被部分激活后，它可能影响到其他的神经中枢，或者是加强，或者是抑制。所以，尽管神经活 40
动的驱力从根本上是来自外界的，但在任何时候也都可能有内部来源的影响为整个系统的其他部分提供驱力。

两个机制之间的这种关系，即其中一个机制被部分地激活而成为另一个机制的驱力，在我们称为“准备和完成反应”(preparatory and consummatory reactions) 的情况下是非常重要的［谢林顿 (Sherrington)］。所谓完成反应，是指对动物来说具有一种直接价值或者说是一种给动物带来直接满足的反应，比如说进食或逃离危险等。一个完成反应的客观标志，就是它终止了某一系列的行为动作，紧随其后的就是休息，或者也可能是转移到某个新的行为动作的系列。这种类型的反应，我们知道它们是存在的，而且是在内省的意义上通过它们所带来的满足感和终结感而知道它们的。所谓准备反应，只能间接地给机体带来益处，它们的价值在于这样的事实，即只有通过它们，才能导向完成反应，并使完成反应的执行成为可能。一个反应之所以是准备反应，其客观标志在于，它是在最终导向某一完成反应的动作系列的某个阶段作为预备而发生的。从意识体验的角度来说，任何一个准备反应都以伴有某种紧张状态为特征。

准备反应有两种类型。第一种是诸如看和听这样的反应，这种反应在动物处于被动或休息状态时随时都很容易被唤起，其作用在于引起注意，并为有可能会引起动物进一步反应的某种不确定的刺激物创造一种准备就绪的状态。第二种类型是指这样的准备反应， 41

即只有当某一完成反应的机制被激活并正处于活跃状态时，这些反应才被唤起。一个典型的行为事件的系列是这样发生的：一个声音或一束光线引起相应的感觉器官的兴奋，并唤起恰当的注意反应；这就使得某一对动物而言具有重要意义的刺激物凸显出来。比如说，看见猎物，这个看见就激起了这个动物吞食这个猎物这一完成反应的趋势。但是，这个完成反应是不可能立即就发生的；立即发生的，乃是围捕或追赶猎物的准备反应。构成准备反应的动作系列可能是极其复杂的，而且很显然，这个动作系列是由接近完成反应的趋势推动的。在动物行为中，存在着一个接近完成反应的支配性的内在趋势，这可以在比如说当一只猎狗失去追猎踪迹时的情况中看到。如果它只是沿着捕猎过程中能唤起简单反射的一连串刺激物，从一个细节到另一个细节地搜寻，那么，一旦追猎踪迹断绝了，它就应该停止搜寻，或是转身沿着追猎踪迹返回。然而，在这种情况下，它实际所做的，我们或可以比喻地说，乃是四处探索，努力地搜寻追猎踪迹。这种搜寻，正因为不是被任何外界刺激物唤起的（相反，在这种情况下，外界刺激物恰恰是缺少了的），所以一定是被某种内在的力量驱动的。对于这里举例说明的这种情况而言，猎狗的这个搜寻活动当时所处的环境表明，它的搜寻活动的内在驱力，是指向对猎物的捕获反应的。

我们可以对这只猎狗的行为做如下解释：执行某一完成反应的机制，在受到某一适当刺激物的触发而活跃起来之后，就构成触发其他机制的一个驱力，而这些其他机制，则是引导其中各个准备反应的那些机制。每一个准备反应，虽然在一定程度上是对某个外界
42 刺激物的一种回应，但从根本上说，它是由朝向完成反应的那个驱力促成的。在这里，不仅是一些（导向完成反应的准备）反应因此

被促成，而且，一些在其他情况下会被唤起的（与完成反应无关的其他）反应则被抑制了。上面例子中那只正在追踪追猎踪迹的猎狗，不会停下来和在路上遇到的另一只狗相互问好浪费时间，它太忙于追寻踪迹了。一只动物或是一个人，如果太过忙于某个事情，乃至于不能回应通常能从它或他那里得到回应的刺激物，那就证明，它或他正在被某种内部趋势所驱动着。

到目前为止，我们所构思的，都是在各种比较简单的情况中的“驱力”，这些简单情况中的“驱力”与“机制”并无本质上的不同。在这些情况中，一个驱力就是一个已经被激起的机制，并因转变功能而构成其他机制的刺激物。任何机制都可以转而成为驱力，但只有那些指向于完成反应的机制才最有可能充当驱力，无论是在动物中看到的简单形式还是人类诸如欲望和动机等更加复杂的形式，都是如此。有些机制立即而直接地起作用，然后完成任务而归于平息；但也有一些机制，它们必须首先唤起其他机制的作用，并通过这些机制的作用，才能完成它们自己的活动。当然，在这里并不存在绝对的区别，我们最好牢记这样一种可能性，即在特定情况下，任何机制都可能转而成为激起其他机制活动的刺激来源。

总而言之，无论是意识心理学还是行为心理学，至少就其狭义而言，它们的不足之处，就在于它们没能考虑到我们这里讨论的这些问题。相对于动力心理学，它们的优势在于它们更接近可观察的现象。行为，我们能观察，意识，我们也能观察，虽然更加困难一些，但关于心理过程的内部动力系统，我们必须经过推理而知，而 43
不能直接加以观察。尽管如此，这也并不意味着心理学处于与其他科学相比更加糟糕的处境中。所有其他的科学，也都要努力理解事情的表面之下所发生的那些过程，也都要针对事物的内部工作原理形成概念，这些概念既要与已知事实一致，又要使得关于在一定条件下将会发生什么的预测成为可能。动力心理学必须利用有关意识和行为的观察资料，作为理解“心灵的工作原理”的线索，而且，正是这个目标才是心理学家们从一开始就努力实现的，虽然关于心理学的形式化定义似乎与此恰恰相反。

第三章 人类的天生能力

任何一个成年人个体，比如说一个站在我们面前准备接受测验的人，他自身内部必然包含着各种活动的巨大可能性。我们知道，如果我们给他看一些熟悉的物体，那他会认出这些物体并叫出它们的名称；如果我们问他一些适当的问题，他会理解这些问题并做出回答；如果我们对他提出一些适当的任务，他会执行并完成这些任务；而且，通过适当的方式，我们还可以让他气愤、尴尬或是高兴；他能够走动、跳跃、转动眼睛、呼吸、吃饭、消化等。总而言之，他能够给我们展示出很多很多的技能。他像是拥有了各种机制的一个完整的加工车间似的，随时加工出这些机制，以产生上述种类繁多的结果。当然，我们也知道，他的行为绝不会是以纯粹机械的方式来表现的。他可能会拒绝回答一些问题；他可能会以需要处理自己的事情为理由而反对被留下做进一步的测验；如果我们一整天都跟着他，我们就可以发现，他在某一个时间要出去弄点吃的，在另一些时间需要找到朋友聊天说事，又在另一些时间会找机会歇一歇。我们将注意到，他会在一些表面看来了无生趣的事物上投入数小时时间的关注和努力，比如说一些图表、几笼马铃薯藤等等。很明显，他自身内部包含着大量不同类型的驱动的力量和有待被驱 44

动的机制。

既然我们发现一个成年人拥有如此众多的能力，那么我们当然
45 就希望知道，他的这些能力是如何得到的，其中有多少是天生或遗传的，又有多少是通过个人的努力和经验后天追加给他的。我们想对这些能力做出区分，类似于我们说一个人眼的颜色或鼻的形状是天生的，而脸颊被晒后的棕褐色和手掌上的老茧则是后天形成的时所做的那种区分。要判断某一特定的能力究竟是天生遗传的还是后天形成的，这并不总是那么容易。如果一个技能是从一出生就开始运行的，比如说呼吸，那它当然是天生的。如果这个技能是在出生后某一特定的时期开始运行的，尽管在出生后的生长条件被控制，乃至于机体没有任何机会通过经验而获得它，比如在斯帕尔丁的实验中鸟类的飞翔，那么，这种技能也是天生的。然而，在很多情况下，要判断一个技能或能力是天生的还是后天获得的，上述两个标准都不可用，所以我们不得不选用第三种不那么直接的标准。某一物种或是按不同分类方案形成的其他某种自然类群，其成员在任何的某一方面的相似或不同的程度，如果远比通过其个体成员的经验所能解释的更大，那么，我们就有理由相信，这种特征上的相似或不同，乃是由于先天因素造成的。比如说，猫在它们捕食老鼠的嗜好方面的相似性，其程度远比我们通过它们的个别经验所能解释的它们的相似性程度更高；同时，从另一方面来说，有些猫在较大程度上比别的猫更善于捕捉老鼠，这种擅长的程度远超过了我们通过它们的养育过程上的区别能做出的解释。因此，我们就可以得出结论说，猫是天生的捕鼠动物，但其中有一些猫天生就比其他的猫更善于捕捉老鼠。当然，经验会影响到一只猫对待老鼠的行为，但这种影响，还远没有达到能够足以解释我们所发现的这些相似和不同

的程度。

语言在此给我们提供了另外一个很好的例证。人类作为一个种族与其他各种动物相比是非常不同的，乃至于我们有理由假定，有一个天生的语言能力是全人类共有的。但是，人类在语言功能上的这种相同性又不是绝对的，因为不同地区的人说不同的语言，而且，即使是在同一个地区，有些人又比其他人能更好地使用语言。人类不同族群所使用的不同的语言，都是一代一代传递下来的，于是，在这个传递过程的任何一代中，这种差异都是用不同的训练和传统来解释的。但是，任何族群，其成员在掌握他们自己族群语言方面的能力都是不同的，这个事实不能完全通过训练的不同来解释，而只能意味着，个体成员就其天生的语言能力而言在程度上是不同的。我们所采用的关于天生能力的第三标准，其不确定性是明显的：它需要对训练和经验可能带来的影响做出评估，而这样的评估又需要相应的知识和合理的判断，最终给我们提供的，至多也只能是一些概率而已。当然，我们可以肯定，人与人之间在天生的能力上是有区别的。因为，无论何时，当我们让一些人作为被试长时间以一种特定的方法进行特殊训练，比如说练习打字，我们都将发现，尽管他们都取得了很大的进步，但他们最终的表现仍然存在巨大的差异。在经验必然尽其所能地使不同的人趋向于相似的任何情况中，他们各自之间的差异仍然是抹不去的。对此，我们还可以补充说，在经验尽其所能地使人们相互不同的任何情况中，他们经常在一些基础方面仍然保持着惊人的相似。所以，我们可以总结说，人类一定有共同的和各自不同的天生能力。 46

一个新生的婴儿尚未经历任何种类的学习，却能使用他的心脏、肺、胃、肠、肝脏、肾脏等等，一句话，能使用他所有的内部 47

器官。他也能使用他所有的肌肉系统：弯曲和伸展胳膊，从各个方向移动身躯、头和眼，他的唇、腭、舌、喉、咽等，都能做出各种复杂灵巧的动作。作为其天生能力的一部分，他不只是有肌肉运动的能力，还有肌肉运动的基本协调能力。这些协调能力来自脊髓和脑干中的那些被称为“皮下”中枢的神经结构。而这些皮下神经中枢的组织结构，目前看来，应该是自然赋予人类的天赋。天生的能力还包括感觉器官的使用。我们不能说一个儿童学习看和听，也不能说他通过训练和经验获得识别颜色的能力或者听到声音的能力。如果在视觉器官自然发展的适当阶段，有适当的外界刺激物，孩子就很容易识别出红色，因为他天生就是这样的；如果他碰巧属于男孩中少数先天色盲者，那么，他就不能识别红色，也因为他天生就是那样。

因此，感觉、运动和器官功能的基本原理，都应归入“天生能力”之列。但是，“天生能力”远不限于此。

自然不仅提供了对来自外界的刺激的接受能力和产生运动的能力，而且还提供了特定运动与特定刺激之间的连接关系。支配一组肌肉共同活动而产生一种协调运动（a coordinated movement）的神经机制，它本身与来自某个特定感觉器官的传入神经相连，其连
48 接的结构关系的效果是，这个神经机制能够被作用于那个感觉器官的外部刺激所唤起。感觉机制（sensory mechanisms）和运动机制（motor mechanisms）彼此协调地连接在一起成为感觉-运动机制（sensory-motor mechanisms），其中很多这样的机制都归入天生能力之下。吞咽活动从一出生就存在，它是特定的肌肉群组对嘴里液体或软物质刺激物的一种反应；打喷嚏则是另外一个特定的肌肉群组对鼻子里出现的刺激性物质的一种反应。有各种各样、名目繁多

的先天反应能力，这些反应能力可以根据它们的功能和用处加以分类。

有一组这样的反应能力，可以把它们统称为觅食反应（food-getting reactions）：吮吸，咀嚼，吞咽，吐出苦味的东西，头部左顾右盼地寻找乳头的运动，饥饿时的哭闹，等等。在很多动物物种中——即使不说是全部动物物种，它们的觅食活动基本都是天生的，并经常被称为“狩猎本能”（hunting instinct）。在人类的婴儿当中，这种类型的反应似乎并不那么清晰可见，但这更可能是因为人类育婴行为的高度文明化造成的。

第二组这样的反应，包括各种避险反应（danger-avoiding reactions）。其中最简单的形式，就是当手或脚被烧、被刺、被夹的时候抽出手或脚的反应。新生婴儿遭遇类似刺激时，会以扭动身体的方式来加以回应。咳嗽、打喷嚏，以及当外来物碰触或接近眼睛时的眨眼，都是人类和其他动物共有的类似反应。更普遍的保护性反应（protective reactions）包括闪躲、蜷伏、蜷缩，尤其是逃跑。在面临危险时，如果简单的避险反应失败了，它就会被逃跑反应所替代；逃跑乃是这一组反应中最激烈、最有效的反应。

从功能上说与这些避险反应多少有些类似的，是防止跌倒或应 49
对各种身体失衡情况的反应，负责这些反应的，是位于内耳的一种特殊的感觉器官。对来自外部强加的运动或来自外部的约束的抵抗反应，也就是说，在自身的运动中被推搡或被拖拉、被裹挟或受阻碍等的抵抗反应，也是一种先天类型的反应。在这些反应方式方面，即使是婴幼儿也表现出了初步的独立性。

游泳、爬行、跳跃、行走、慢跑、飞跑、攀登、飞行，以及其他各种形式的运动，是除了人类之外的其他各种不同动物的天生能力的一部分。而且，就人类而言，即使像爬行、行走、奔跑等，或许还包括攀登，实际上也都不是习得的，而是在其自然生长的过程中，当支配这些反应的先天机制随着生长过程而达到必要的成熟阶段时，其功能自然地表现出来而已。

新生儿为我们提供了证据，他拥有操控他的声带的天生能力。他一出生就能发声，而且在出生后不久，在他表现出从别人那里学习的任何迹象之前，他很快就开始发出很多不同的元音音节和辅音音节。甚至在他真正开始模仿别人的言语之前，他就已经在对元音和辅音进行简单的组合，比如说“ma-ma”及“da-da”等。所以，对新生儿来说，言语的运动要素是其天生能力的一部分。哭闹、流泪、啜泣、皱眉和愁眉不展、微笑和大笑等等，所有这些，基本都属于先天性质的反应。

很多探索性反应（exploratory reactions）都是天生的。最简单的探索性反应形式包括：把目光转向外围视野中间接看到的物体；动物在听到声音时竖起耳朵，包括动物和人类在内在听到声音时将
50 头和眼转向声源的方向；用手的感觉来探知一个物体，并将它运送到嘴里。对一个引起好奇心的事物的接近，也属于这种探索性反应。和探索性反应紧密相关的，是控制（manipulation）的反应，以及为了看清事物如何表现而针对它们进行实验（experimenting with things）的反应。在这一组反应中，我们有了通向知识的那些活动的萌芽。

当一个幼儿或幼小的动物安详地处于静卧状态时，他或它并不是不发生肌肉运动（muscular activity）；相反，他或它身上也正积极主动地发生各种不同的运动，只是这些运动并不针对明确的刺激物或某个看得见的物体而已。在这些运动中，或许也存在某种轻微

的刺激，但至少可以说，任何天生能力，作为它的组成部分，都包含积极主动性的特征，无论在运动性的活动中还是在探索性活动中都一样。运动一段时间会导致疲惫，所以休息和睡眠也可以恰当地归入先天反应的类型之中。

还有若干种类的更加复杂的反应，这些反应都是因为其他人的存在而被诱导出来的。在两个性别之间，特别是对于青春期的年轻人而言，异性个体的存在就构成刺激物，会诱导出求偶夸耀行为和求婚行为，若就其他物种而言，依物种之不同，还会诱导出大量与此相类似的不同的反应来。因为无论对动物而言还是对人类而言，在达到性成熟之前，都不敏感于这种刺激，所以，在其达到性成熟之后的行为，一定包含着很多在趋向于性成熟过程中通过学习而获得的成分。尽管如此，但毫无疑问的是，这种行为就其基本性质而言，一定是自然带来的天赋。年轻妈妈对她的宝宝的反应，在某种程度上可以说是出现在两性中对幼者和无助者的保护性反应中最强有力的例子。

在一起被抚养和在一起游戏玩耍，这是另外一种反应类型的典型情况，这种反应类型被归类为群居本能（gregarious instinct）。无论是儿童还是成年人，当他们聚集在一起时，我们总能看到一种 51
倾向，就是他们当中的每一个人，只要有可能，都想成为这个群体的领导者，或者，如果在这个群体中统治地位已经确立，则每个人都想成为领导者的追随者。这些倾向很可能是本能性的，而不是完全来自个人的经验。

我们还可以看到一些对社会群体或它的个别成员的消极反应，如尴尬、羞怯、争斗等。

与上述这些先天的或本能的行为反应密切相关的，是被称为情绪（emotions）的身体状态和意识状态，这些也必须归入天生能力之下。因为很明显，像害怕、愤怒、悲伤、欢笑、性欲等等，都不是作为训练的结果而产生于个人的生活。人可以学会害怕某些事物，但是他不能学习如何害怕。要让一个人害怕，只要让他接触到某个适当的刺激物即可，一接触到这个刺激物，他自然就害怕了。

情绪既与某些外显的行为反应有紧密的联系，如逃跑、搏斗、大笑、大哭等等，也与某些内部的身体变化紧密联系，如心跳和呼吸的加快、皮肤因充血涨红或失血苍白等。虽然这些联系长期以来已成为人所共知的常识，但这种联系的确切性质，却远不是显而易见的。外显行为经常被认为是情绪影响的结果，而内部的身体变化，连同面部的肌肉活动，则被认为是情绪的“表达”。大约三十年前，詹姆斯和朗格（Langer）提出假设认为，相对于身体反应，特别是内部的身体反应来说，情绪的意识状态是第二位的。比如说，害怕的情绪无非是由内部身体变化建立的诸
52 感觉的混合，而内部的身体变化则直接由对危险的感知所引起。换句话说，对危险的感知引起了内部的身体变化，由这些身体变化各自引起的感觉混合在一起，就形成了害怕的意识状态。关于情绪的这个观点被称为詹姆斯-朗格理论（James-Langer theory）。它已经引起了大量的讨论，而且，就是到现在，也还应该被视为值得仔细考虑的假说，而不是一个普遍得到公认的结论。但是，我相信，身体的变化引起的感觉，至少构成了有意识的情绪的组成部分，这是毫无疑问的。

经过最近的生理学研究，身体变化和情绪的关系变得更加清晰。大家都知道，看见食物会让一个饥饿的人流口水；实验还证明，他也开始分泌胃液。因此，伴随着进食欲望的兴起，为消化食物做好准备

的内部条件也同时被唤起了。更为惊人的是坎农（*Cannon*）① 利用 X 射线发现的如下事实，即恐惧和愤怒情绪出现时，胃肠运动就突然停止，同时，胃液也停止分泌。事实上，在这些情绪出现期间，整个消化活动是半中断的，血液从消化器官流进心脏、大脑和肌肉。因此，在这里，我们又一次看到，一种在身体上准备就绪的状态形成了，以适合于无论是动物还是人由于愤怒或恐惧而被迫要执行的肌肉运动。

适合于逃跑或搏斗的身体准备，要远较此复杂得多。此时，不 *53*
仅是消化活动停止，而且心跳加速、血压上升，呼吸也变得更深更急促——所有这些变化，对于即将发生的剧烈的肌肉运动而言，都属于合适的准备状态。皮肤会大量出汗，这就提早开始了必然伴随肌肉活动的身体热量的消散。有意思的是，所有这些身体上的变化，都是通过交感神经系统作用于相应器官而产生的，因而，虽然交感神经系统的活动不属于随意控制，但这里揭示的情绪与身体变化之间的关系却表明，它们是由脑的活动引起的。但是，生理学家们最近为我们有关情绪状态的知识所增加的最有趣的事实，涉及属于交感神经系统附属物的两个小腺体的参与——肾上腺，它们的位置靠近两侧肾脏，故而如此命名，尽管它们在功能上与肾脏并不直接相关。它们是产生“内分泌”的腺体，也就是说，它们释放一种液体进入血液循环，又通过血液循环流传到身体的所有器官，其中许多器官因此受到影响，而不同的器官受到影响的程度也不同。它刺激心脏，使心脏的活动性更强；它引起内部器官中的血管收缩；它抑制胃肠运动；它刺激肝脏将储存的糖分倾注进血液，而糖分是

---

① 关于这些研究结果以及坎农的其他研究的简洁而可读的说明，可参见他的 *Bodily Changes in Pain*，*Hunger*，*Fear and Rage*，New York，1915。

肌肉快速燃烧的最好燃料；它以某种其机理尚不明了但却很有效的方式免除疲劳；最后，它还使得血液本身处于这样一种状态，即当受伤时血液在伤口处快速凝结。至此，坎农通过完整的系列实验证
54 明了，在疼痛、恐惧和愤怒时，肾上腺被激活向血液注入其分泌物以产生上述那些变化。通过这种方式，加上交感神经系统的直接活动，整个身体就被动员进入一种紧急准备状态，为逃跑、自卫或进攻做好准备。

这些研究发现对于情绪心理学的重要性显然是巨大的。现在认为，伴随情绪而发生的身体变化，远不是偶然的事件。至少在恐惧和愤怒的情况下，它们作为接下来可能发生的外化行为的准备是极其重要的；在有食欲的愉快状态下也是如此。关于有意识的情绪是否完全由这些内部变化的感觉所构成，目前还没有定论。但这看起来是很有可能的，因为机体感觉（organic sensations）一定产生自上面所描述的那些内部变化。坎农就曾提到准备发力的身体状态会引发巨大力量的感觉，这种感觉很有可能就是机体感觉的复合体。所以，在一定程度上可以说，情绪很有可能正是身体准备做出某种反应时的感觉方式。

情绪也是冲动性的，它是身体准备做出特定反应的原动力。恐惧是逃跑的推动力，同时，从机体功能方面说，它也是执行逃跑反应的准备状态。愤怒是破坏或损害行为的推动力，同时也是执行战斗的身体上的准备状态。食欲是进食行为的推动力，同时也是摄入
55 食物的身体上的准备状态。其他各种情绪，即使不说是全部的话，其中绝大多数也都是如此。情绪和与之相伴随的身体状态一起，构成一种类型的准备反应，导向这整个过程最终要实现的完成反应。一个危险的对象引起逃跑的冲动，这个逃跑的冲动作为指向

逃离危险对象的完成反应，它同时激活交感神经系统和肾上腺，并通过它们抑制消化，加速心跳，增加可用于肌肉活动的燃料供应。

这些新近的研究发现和概念发展，是否支持詹姆斯-朗格情绪理论，现在还不完全清楚。坎农提醒我们注意这样的事实，即无论在恐惧中还是在愤怒中，身体方面的变化都是相同的。他还因此推论说，情绪不可能完全是对身体状态的反映。确实，他所发现的身体状态，或许与更加抽象、更加一般化的意识状态之兴奋度（excitement）具有更好的对应关联关系，冯特曾把这种兴奋度归为基本感觉（elementary feelings）之一种。这种身体状态很可能出现在情绪既不完全是恐惧也不完全是愤怒的时候。坎农发现了这方面的证据，他是以比赛前和比赛中的运动员以及考试中的学生为被试的，虽然在运动员比赛和学生考试这些情况中，他们的意识状态不完全是恐惧或愤怒，或许称为热情、决心或兴奋更恰当。相对于这些情绪状态上的不同，身体条件上的微小差异不是完全不可能存在的，所以，恐惧时和愤怒时的身体不完全一样。因而，詹姆斯-朗格理论还不应该完全被抛弃。

看来，詹姆斯-朗格理论所欠缺的，乃是对情绪之冲动性方面的充分强调，这个冲动性表现为一种追求完成的倾向。詹姆斯以一种或多或少带有调侃意味的话说："我们是因为伸手打人，所以才 56
愤怒。"他这样说，便把伸手打人这个完成反应，与准备性的身体变化包括在一起，共同形成最终构成愤怒情绪的感觉复合体。实际上，伸手打人这个行为可以分离出来单独加以考虑，因为，打人，或换句话说想伤害对手的冲动，乃是整个过程中最重要的部分。它代表着整个机体的倾向。詹姆斯的理论不是没有意识到这一点，但是只有麦独孤（McDougall）[①] 才给了它应得的重视。麦独孤指出，情绪乃是本能的核心成分。本能包括三个方面的成分：认知的或感知的、情绪的、意动的或冲动的方面。其中，意动的或冲动的方面导致运动动作。以恐惧的情况为例来说，认知的方面是对危险的感知，情绪的方面是恐惧的内部状态，意动的方面是逃跑的冲动，它会导致真实的逃跑行为。现在，我们不把第二个方面，亦即情绪的方面视为纯粹主观的，而是利用坎农的研究成果，把情绪理解为身体的准备状态的表征。危险唤起了神经系统的趋向于逃跑的“定势”，与此同时，交感神经系统的作用，又为逃跑行为的执行提供了机体上的准备状态。

必须承认，对于伴随着情绪的身体状态，或者说与情绪相伴而生的身体状态，我们知道的还很少，除了像恐惧、愤怒、饥饿及性
57 欲等少数几种情况。在后面这些情况中，趋向于完成反应的定势以及同时相伴而生的身体的准备状态都是明确存在的，而其中的情绪作为一种主观状态，可以被合理地看作这种定势和这种准备的表征。还有很多其他的身体状态，也是如此，比如口渴、窒息、冷或热引起的不适、困顿、疲惫等等。每一种情况都包含一个驱力以追求实现完成反应，具体说如饮水、呼吸空气、温暖、凉爽、睡觉、休息等，而且每一种情况也都涉及相应的内部身体变化，这些身体变化的方向，则分别为相应的完成反应做好准备。此外，还应该指出，伴随着这些身体条件的那些主观状态，与情绪有相当大的可比性，尽管它们经常不归入情绪一类。从詹姆斯-朗格理论的观点来看，它们完全可以被视为情绪。有一种主要是在儿童身上看到的对一般活动的冲动，它的普遍特征是具有快乐心态，这种对一般活动

① 参见他的 *Introduction to Social Psychology*。

的冲动，往往都伴有精神饱满或精神过剩的身体状态，它的主观方面是幸福的感觉，也就是我们通常所说的“欣快感”。

当我们考察欢乐（mirth）或娱乐（amusement）时，我们不难确认其中包含的冲动，那仅仅只是想要微笑和狂笑的冲动——然而，这些特殊反应的最终生理功用是什么还不清楚。虽然我们也知道，伴随欢乐的主观状态的，还有内部的身体变化，特别是循环系统的变化，但极有可能还有其他的尚未被发现的和这种状态有关的内部变化。所以，主观状态、内部身体条件、外显的行为活动这三者之间的 58
相互关系，与在恐惧和愤怒的情况下是一样的。悲痛（grief），就其如我们在年幼儿童中看到的它的原始形式而言，就是哭泣的冲动，并同样伴随内部的身体变化。这种反应的生物学意义是很清楚的：哭泣将母亲的注意吸引过来。这是一种无助的反应，不能直接完成任何事，但却足以引起别人来帮助这个痛苦的人。婴儿起初并没有有意考虑到这种有用的结果；因为，在悲痛这种情绪中，就像性本能和饥饿本能一样，婴儿哭泣行为最终达到的目的，并不是由本能带来的。他的冲动是指向哭泣这个直接结果的，而由此带来的生物学效用则是他所看不到的。悲痛总是一种典型的消极情绪而与恐惧和愤怒不同，因为在恐惧和愤怒中，个体自已要完成一些事情，比如说逃跑或动手打人。悲痛典型地是与下列事态对应的那种心理状态，在这种事态中，我们什么也做不了，更别说正处于悲痛中的那个人了。对处于悲痛中的人提供帮助的人，其对应的心理状态被称为“温情”（tender emotion），这种温情在母亲对待孩子的方式中可以最清楚地看到。这种温情的冲动就是喂养、保护或爱抚孩子；而且，对这种温情作为一种情绪而言，类似于在恐惧和愤怒中发生的内部身体变化同样也会发生，尽管这一过程存在差异。

总而言之，由我们关于恐惧和愤怒的相当确切的知识而发展出来的那个公式，看来也适用于许多其他的情绪，甚至是所有的各种情绪。所以，情绪作为一种意识状态，代表着以下两点，或是与以下两点紧密相关乃是一个合理的理论：(1) 趋向于某个完成反应的
59 驱力；(2) 为这个完成反应做好准备的身体状态。此外，无论是内部的身体准备状态，还是外显的行为反应，都是由天生能力自然提供的，这也是明白无误的。

除了感觉、情绪和反应之外，人类的天生能力还包括从事某些活动或处理某类事情的天性或“天赋”。当我们说有人对音乐有自然的天赋、有人擅长数学、有人擅长力学、有人擅长推销的时候，我们就分辨出了这类天生能力。无疑，很多这样的天性都很复杂，需要心理学家的分析。但同样确定的是，其中许多天生能力都有自己的特殊性，譬如说，在一个方向有天赋的人并不是必定在另一个方向也有天赋。这不只是在一般能力上天赋差异的问题——尽管心理缺陷个体的存在似乎表明在一般能力上存在天赋差异，主要还是特殊形式的天性问题。我们观察到这种天性“运转于家族之中”(running in families)，又在拥有这种天性的家族的某些成员身上“突然出现”(cropping out)，而这些成员，与这些家族的先辈中已经表现出相同天性的成员，已相隔一代甚至是好几代。同一个家族的不同成员，当我们对他们进行某种特殊类型的，同时需要某些特殊能力才能完成的测验时，我们可以发现他们之间的相似性。总之，在所有这种测验中，我们都不可能不得出一个共同的结论：天性是遗传的并构成天生能力的一部分。这些天性同时被称为“先天能力”(native capacities)。

先天能力的存在这种现象，不仅出现在家族内部个体成员之间

以及不同家族之间的比较上，而且还出现在人类与动物的比较上。 60
语言是典型的人类能力，而找到回家的路则显然是一种更强的天性，特别是在鸟类中。计算和处理数量关系当然是人类能力，就像将物体作为工具是人类能力一样。

天性能力与本能的区别在于，前者不像后者那样已经包含对刺激物的现成的反应形式。对于一个拥有音乐天赋的儿童，我们并不是这样来理解他的音乐天赋的，即他必须是一碰到某些特殊的刺激就唱出某些特殊的歌声，似乎只有这样他才能表现出他的音乐天赋。相反，我们期待于他的，是他表现出对音乐的兴趣、乐意学习并牢记音乐，并在可能的情况下以为自己创作一段乐谱的方式表现出一定的独创性。他的天赋表现为一种特殊的兴趣，或是学习特殊事物的能力。有天赋的人并不是不学习就能做好某些事情的人，而是学习事情很容易的人。

如果从这个方面就人类的天生能力列出一个清单，这种努力不会有多大的用处。那样的话，我们就只需要详细列举出人类各种各样的职业、他感兴趣的各类事物，以及处理何种事务时表现出天赋。毫无疑问，对人类的活动进行心理学分析是可能的，但迄今为止，这种分析工作所取得的进步太小，乃至于我们可以忽略不计。传统意义上的心理活动分析，是根据心理活动的抽象形式，而不是根据心理活动所处理的主题进行的；换句话说，是根据知觉、记忆、推理、想象等“官能”（faculties）来进行的。显然，人在其感
知、记忆、推理等先天能力方面的差别，远不像他们各自擅长的主 61
题领域在种类上的差别那么大。关于伟大天赋的那些惊人的事例，当然都是些在处理特殊领域的事情上表现出惊人能力的事例，而不是表现为什么抽象的特殊官能。每一个人从一出生就都表现出某种

特殊的适应性（adaptability）：一个人可能在世界的这一个方面表现出特殊的适应性，另一个人可能在世界的另一个方面表现出特殊的适应性。

我们可以把天生能力理解为是由各种机制构成的，这些机制，既可以是业已完善地形成了的，如呼吸作为机制那样，也可以是尚处于发育成长之中乃至逐步达到功能上完全成熟的状态，如那些在出生后某一特定阶段才表现出来的本能，还可以是需要经验的塑造作用才能达到一定的功能水平，并因为个人经验的特殊性而获得其精确形式的，如能力作为机制那样。在这些不同机制中，有一些机制，就其操作过程而言是极简单而顺畅的，所以，一遇到适当刺激就立即做出反应而不与其他机制发生纠葛；也有一些机制，当它们被激活之后，不可能独自而直接地达到其目的，而必须继续保持活跃的状态，并激起其他机制的活动而达到其目的。就后一种情况换句话来说，旨在执行某一完成反应的机制，当它被激活后，它就转而成为相关的准备反应之机制的驱力。这样，天生能力既提供机制，也提供驱力——尽管每个驱力本身就是一个机制。

那些充当驱力的天生机制具有特殊的重要性，因为正是它们构成了人类或动物生命中的原初动力，或者说是其行动力的最终源泉。成年人的动机是由来自其本性中固有的原初动力通过连续遗传
62 过程演化而来的。演化而来的或者说是获得性的动机，其发展过程属于一般学习过程的一部分，我们将在下文详细说明。现在我们集中关注的，是关于人类行为原初动力的分类列举问题。

这是麦独孤在他的《社会心理学》中要解决的主要问题。在这本书的导论中，他说：

> 在心理学中，对社会科学至关重要的分支学科，是研究人

类行为的原初动力的学科。所谓人类行为的原初动力，就是维持人类身心活动，并调节其行为的那些冲动和动机。然而，在心理学的所有分支学科中，这门学科却是最落后的，其中仍然充斥着大量的晦涩、模糊和混乱。……心理的力量（mental forces）作为能量的源泉，不仅为所有的各种人类活动确立目标，而且也维持着这些活动的进程——在这个背景中，智力过程（intellectual processes）只构成心理力量赖以施展自己的仆人、工具和手段而已。但心理的力量究竟是什么，这不仅必须明确地加以界定，而且，它们在种族和个体生命中的发展史，也必须加以澄清。只有这样，诸社会科学才有可能被奠定在一个坚实的心理学基础之上。[①]

以下从本书中援引的几个段落，揭示了本书写作的指导思想。

人类心理拥有一定的先天的或遗传的倾向性，无论对于个体而言还是对于群体而言，这些倾向性构成了其思想和行动的根本源泉或推动力量。而且，个体和民族的性格和意志在其理智官能的引导下赖以形成的基础，也是这些先天的倾向性。(p. 19)

那么，人类心理的这些本能冲动，究竟是不是人类思想和行动的唯一推动力量呢？……为了回答这个问题，我们必须首先指出，在已经得到发展的人类心理中，还有另外一种类型的行为动力，即思想和行动的获得性的习惯。一个习得性的行动模式，是通过重复而变得习惯化的，而且，重复得越频繁，作为冲动或动机之源泉的习惯就变得越有力量。然而，就力量方面来说，习惯永远不可能与基本的本能相比拟。在某种意义 63

① Eighth edition，1914，pp. 2 - 3.

> 上，习惯源自并从属于本能。这是因为，如果没有本能，思想和行动就无法实现，也不能重复，因而思想和行动的习惯也就不可能形成。习惯只有依靠本能才能形成。
>
> 于是我们可以说，本能或直接，或间接地构成了所有人类活动的原初推动力。决定于某些本能（或由某一本能演化而来的某些习惯）的意动性的或冲动性的力量，每一个思想的过程，无论表面看起来多么冷静、多么理性，都必然是先天地指向其目标的。每一个身体活动，也是由这种意动性或冲动性的力量激起并加以维持的。所有的活动的目的，都是由本能冲动决定的，而且，所有心理活动得以维持的推动力量，也是由本能冲动提供的。高度发展了的心理的全部复杂的智力结构（intellectual apparatus），都只是达到这些目的的手段、只是这些本能获取满足的工具，其中的快乐和痛苦，也只构成这些本能冲动如何选择其手段的指导而已。
>
> 如果没有这些本能的倾向性及其强有力的冲动力量，那么，有机体就不可能进行任何种类的活动。它就会像一个被取
> 64 走了发条的时钟、像一台熄了火的蒸汽机一样停滞不动。(pp. 42-44)

如果麦独孤的“本能”一词意指任何先天的反应倾向，那我们当然会完全同意他的意思。因为，如果没有一些这样的先天的倾向性，那就不可能有任何一种刺激物能够引起任何一种反应，整个有机体也就只能保持惰性状态，并因而不可能学习或获得不同的反应。但是，他对上文提到的本能倾向的“强有力的冲动力量”的强调却让我们在这个理解方向上非常踌躇。因为，那似乎意味着，如果没有强有力的冲动力量就不会发生任何活动。这实际上暗示了有

机体本身的高度的自然惰性（natural inertia）。事实上，麦独孤所说的似乎正是这个意思，就像很多心理病理学家也坚持这个观点一样，他们近年来对活动的源泉问题投入了极大的关注，至于他们的结论，我们稍后再议。然而，这种关于机体本身之惰性的假设，虽然在运用于成年人时可能还拥有某种真理的表面价值，但是当应用于儿童时就非常可笑了——而且，这个假设其实应该是首先应用于儿童的，因为只有年幼的儿童才完全局限于先天的倾向性，随着儿童渐渐长大，他们也就发展了各种派生的冲动，就像上文引述麦独孤的一个段落中所暗示的那样。如果说儿童有什么独有的特征的话，那就是他们很容易接受刺激而活跃地活动起来。如果我们观察一个营养充足、休息充分的婴儿——他躺在那里随意地踢脚伸腿、比划着手臂，又喃喃自语，还左顾右盼，一有响动就竖起耳朵（姑且比喻地说），那么，我们不会不疑惑，引起并维持婴儿的这些活动的那“强有力的冲动力量”，其本质究竟会是什么。实际情况是，
婴儿对为数众多的刺激物都拥有反应性，而且，他在很大程度上是 65
被外界作用于他的刺激所“驱动”的，虽然在他饿了的时候，我们通过一系列朝向喂食这个完成反应的准备反应，能看到他被一种内在的“强有力的冲动力量”所驱动。在稍大一点的儿童的游戏活动中，我们也很难发现有什么强大的诱因（incentive）是他们玩游戏所必需的；几乎任何东西都可以拿来玩游戏，然后它本身就变得有吸引力了。确实，依常理，一个人长大之后，他的行为越来越受内在驱力的控制，而不是受直接存在的刺激的控制。但是，即使是成年人，也不像麦独孤假定的似乎那么没有活动性：与麦独孤所假设的相比，成年人的活动性更容易被唤醒，他们的活动所要求的内在动机或驱力，也并没有那么强烈。

然而，现在我们要解决的主要问题是：既然在麦独孤看来，只有“强有力的冲动力量”或“本能”，才构成了无论对个体行为还是对社会行为都具有重要性的唯一的动机力量，那么，所谓“强有力的冲动力量”或“本能”究竟是什么呢？在这个问题上，他有很详细的论证，他发现了相当“有限的基本的或简单的本能倾向”（p. 45）这些基本的或简单的本能倾向之所以能够被辨识出来，在很大程度上依赖于以下事实，即每一个这样的倾向，都包含作为其不可分割的组成部分的一种明确的情绪。他的清单如下所示：

- 恐惧及逃跑（或更一般地说是逃脱）的冲动
- 厌恶及排斥的冲动
- 好奇
- 愤怒及搏斗的冲动
- 自我肯定
- 顺从
- 66 养育本能及温情和保护的冲动等
- 生殖本能
- 饥饿
- 群居本能
- 收集或获得本能
- 建造本能

“还有很多次要的本能，如爬行和行走的本能。”

“还有一些一般的或非特异性的先天倾向”，比如说：模仿的倾向；看到他人的情绪表现而想亲身感受这种情绪的倾向；接受暗示的倾向（此即可暗示性）；游戏的倾向；形成习惯以及更喜欢熟悉事物，而不喜欢陌生事物的习惯。

对于这个清单，如果有人因为它遗漏了一些重要倾向而批评它——比如说，有人可能会因为以下各种理由而强烈要求将放声大笑的冲动（laughter impulse）纳入这个清单中：鉴于该行为的显而易见的本能性；鉴于该行为伴生的强烈的快乐或欢愉的情绪；鉴于由这个冲动可以衍生出很多不同的活动；等等——那么，麦独孤完全可以答复说，他的清单无疑需要详细的修订，但这样的批评根本未触及要害问题。但是，如果我们探问，麦独孤会不会接受我们的劝说而将我们上文所说的天生能力也列入他的本能清单，那么，我们可以确信他是不会的。将这些能力列入其中，会大大突破他的框架。这些能力属于他所说的智力过程，而他又断定智力过程乃本能冲动的仆人，或简而言之，它们属于需要驱力加以激活的机制，而 67
它们本身则在任何意义上都不构成驱力。这是当前反对麦独孤的有关讨论的要点——确实，在这一点上不同意麦独孤的观点，正是本书作为整体之辩论的核心要点。换句话说，本书的远大目标正在于试图证明，任何机制——或许，一些只做出简单反射的最原始的机制除外——一旦被激活，就能够成为自己的驱力，并且也能够成为其他与之相关联的机制的驱力。

现在，我们所面临的问题是：对于人类个体有能力做的那一千零一个事情而言，是否做每一件事情的机制，就它们整体而言，都完全是被动的，而需要麦独孤所提出的那少数几个本能作为驱力才能激活？或者说：是否每一个这样的机制都能直接被激活，并持续保持活跃，而不需要像麦独孤所说的如饥饿、性、自我肯定、好奇等等本能的帮助？当然，必须承认，在有些时候，本能确实对其他机制构成驱力。对于那些更加富有理智性质的活动而言，驱力特别来自诸如自我肯定、好奇、建造等本能。儿童可以通过唤醒他的自我感觉而受到激励去努力学习，就像通过使一个孩子与另一个孩子竞争，或是通过鼓励他显示自己有足够的勇气和能力去完成某项任务。同样，他的好奇心，抑或他操控和制作物件的自然冲动，可以被用来使他完成某项任务。但是，这样的动机却不能让这个孩子在一个他找不到对他来说真正有趣的东西的方向上走得太远，这也是事实。例如，一个孩子可以通过这种方式被诱导开始学习唱歌，但
68 是，除非他有音乐天赋，不然他很快就会放弃，并通过嘲笑歌唱、嘲笑那些比他优秀的孩子，以此回避负面的自我感觉。这样的孩子会找到不同的理由，使音乐练习显得不值得努力，而有音乐天赋的孩子，一旦通过利用他的自我感觉而开始了练习，就会被对音乐本身的热忱所引导全身心地投入，而不再需要诸如此类的外在刺激的诱导。

好奇心作为一种动机也是这种情况。毫无疑问，我们可以在孩子身上唤起他对很多不熟悉的事物的好奇心。所有正常的孩子，也都因为这个原因而可以被引导开始学习植物、数字、单词等等。但是在开始之后，一个孩子表现出对某个特定科目的兴趣，而另一个孩子却对其中任何一个科目都没有兴趣，虽然他可能表现出了对另外的某种事情的兴趣。有的孩子只要很少的激励就能在一个特定科目上很成功，而有的孩子通过来自老师或家长的不断注意才能进步一点。然而，这第二个孩子后来可能被证明在其他某个领域很有能力，并在这个领域做出很多独创性的事情来。当我们对个体的特殊能力进行细致而精确的研究时，我们就可以发现，能力的专门化（specialization of capacity）是不可否认的事实。确实，在某一个方面表现出特殊才能的孩子，很容易在你挑选出来对他进行测试的其他方面，也表现出一定的能力。尽管如此，但几乎可以肯定，他只

是在某一个方面拥有特长，而不是在所有的方面都具有相同的天赋。我们当然有可能发现这种情况，即一个在某一事情上做得很好的孩子，在其他事情上也能做得很好，这种情况可能是出于诸如好奇心或自我肯定的一般因素，也可能是出于一般的好记性或一般的气质性因素。但是，天赋的同样不可否认的专门化，可不能由这样 69
的一般因素来解释。这种专门化要求我们至少要推断出专门能力的存在。在此，唯一可以对之提出的疑问是：这些能力是不是不同的机制，抑或是超出机制以外的什么？情况可能是这样的：诸如好奇心等一般因素构成了所有的全部驱力，但是，这个驱力只有在找到完善地发展了的机制，并与之结合，才能达到它的最大效果。根据这个观点，一个特定的孩子在算数上表现出的勤奋努力，可能来自好奇心、自我肯定或其他某种被激活的一般动机，但他的成功却是由于他拥有额外的处理数字的良好机制；而另一个孩子在音乐方面的勤奋努力，可能是出于自我肯定、建造本能等一般动机，但这个孩子由此产生的行动所表现出来的特殊的方向性，则可能是因为欣赏和演奏音乐的良好机制。关于这个问题的这种思考方式，会有人提出任何反对意见吗？

还有一个事实仍然没有得到解释，那就是儿童在他特别具有天赋的学科上的专注（absorption）。这种专注状态，无论是在儿童身上，还是在成人身上，都值得我们从其与驱力的关系的角度加以关注。因为，专注于其任务的人，似乎肯定是出于他对他所从事的任务的兴趣，才如此专注的。专注意味着将注意力完全并持续地指向正在做的事情。表面看来，当然没有什么外在的动机维持着专注的行动继续下去。在一个活动中，如果外在的动机是必需的，那我们就不能说它涉及专注。在这种情况下，我们可以看到，一个人总 70

是表现出要从正在从事的事情中摆脱出来的倾向，以及只有靠外部动机才能将他带回到正在从事的事情中。这就是那个常见的“有意注意”（voluntary attention）的过程。有意注意意味着，个体必须强迫自己注意某物，要么因为某物本身很无趣，要么因为一些其他更有趣的事物诱惑着他，因而需要意志的努力加以抵制。我们都知道这种有意注意的状态，也知道这种状态与真正的专注是非常不同的。我们还知道，在诸如阅读或学习之类的任务中，只要对它的注意仍然还停留在有意注意的水平上，那么，在这个任务上就不可能有多大收获。在类似这样的任务中，要想有所收获，我们就必须真正进入任务所涉及的事情之中，专注于它，发现它的趣味性，并接受对于它的兴趣的支配而坚持下去。对于一项新的任务来说，为了使它得以开始，通常需要有意的努力，来克服对它的抵触、自己的惰性，以及其他分心物影响。马可以通过外部动机被牵到水边，但它未必会产生饮水的行为，除非这只马真的渴了，也就是说，除非它对于通过饮水这个行为所获得的具体结果有着欲望。作为一个一般命题，我们可以说，对于驱动任何活动的驱力而言，如果这个活动是自由顺畅而有效地进行的，那么，这个驱力就内在于那个活动之中。一个活动，只有当它是由它自己的驱力所驱动的时，它才能如此自由顺畅而有效地运行。这是因为，只要它是被外部动机所驱动的，它就会受这个外部动机的影响而分心。比如说，尽管自我肯定、竞争等，无疑是激起活动的强烈动机，但是，如果执行活动的人在执行过程中一直保持着自我意识，那么，这个人在这个活动中就不可能有多大的收获。而且，如果这个人在活动中一直保持着竞
71 争的态度，那他肯定不能在活动中获得名次，除非这个活动属于那些最简单类型的活动。我们都知道这种行为，在这种行为中，执行

者的兴趣在其自身而不是在工作上。一个为某种形式的公开表演做好万全准备的人，可能在表演过程中由于无法摆脱要在所有观众面前做到最好的欲望而失败，这种自我意识让他无法直接将精力集中于表演活动本身。最初引起他进行这个表演的动机，完全可以是使自己扬名的欲望。但是，在表演的过程中，这个动机必须消失，否则，它所引起的分心，会毁了整个表演。因此，要说发起特定活动的动机为整个活动提供动力，这个说法就不是正确的了。它只是使表演者行动起来，而表演者的行为的动机本身，则必然是内在固有的。简而言之，你必须将眼前的特定行为所获得的成就作为直接目标。如果你想要获得一个特定的结果，你就必须以这个结果为目标，而且必须暂时就这个结果本身对这个结果发生兴趣。凭借一般倾向，你将不会在特定的活动中取得任何成就。对于那些持续而复杂的活动体系而言，尤其如此，比如大部分的人类活动都这样。除非你对一个活动体系感兴趣，否则你不可能从中有所收获。外部动机可以将你带到活动体系的门前，但是，一旦进去了，你就必须放弃所有外部的东西。

因此，麦独孤的原理，即“原始冲动或意动为所有那些仅仅作为达到理想结果的手段的活动提供动力”在教育或任何试图控制和 72
影响人类行为方面都将是一个糟糕的指南。它会导致教师在教育的每一个环节上都引入外部动机，却从不考虑在教学科目中可能开发出的兴趣。它会导致企业经理推断，既然雇员们受雇于此的主要目的显然是赚钱，那么，要想让他们对企业发展的目标及其经营过程的技术要素之兴趣产生忠诚和热情，那是毫无指望的。这个原理在理解人类动机方面也是一个糟糕的指南，因为，根据这个原理，我们只需找到最初引导一个人开始一系列活动的动机，我们似乎也就知道了那一系列中所包含的每一个活动的动机。例如，假设他选择教学作为生计，那么，他的所有行为都是由经济动机推动的；他对学生和学科表面的兴趣，都是假象。麦独孤在他的著作的若干段落中的一些说法似乎表明，他自己认识到了上述指导原则的不足，因为他说（p. 349），一个行动，起初只是作为达到某个更进一步的目的而采取的手段，却转而成为行动者的目的本身。“赚钱起初只是达到目的的一种手段，却变成了目的本身，这事再平常不过了。”这当然没错，但更真实的情况是，会计师变得对他的核算感兴趣了，设计师变得对他的设计感兴趣了，任何拥有体面的工作的人，变得对他的职业所从事的工作感兴趣了，而并不总是关心他的薪资。麦独孤或许会回应说，他已经充分认识到了所有这些事情的作
73 用，因为他承认习惯作为一种驱动力量的重要性——会计师已经变得习惯于核算，而且，习惯的势头使他一直在这一行做下去。然而，这不足以解释职业学习。对于任何一种职业而言，如果不对职业本身直接发生兴趣，那么，这种职业是学不会的。所以，在学习打字的过程中，实践证明，虽然在一定的低水平范围内，进步是可能的，但超过这个水平之后，进步就不会是自动发生的，也不是仅仅凭借单纯的意志努力就能发生的，而必须通过全神贯注于打字工作本身才能获得进步。在这个世界上，如果所有的事物就它们本身而言都毫无趣味，如果所有的事物都仅仅通过与某个原始本能或本能的派生物的联系才获得某种次生的趣味，那这个世界该多么无聊啊！如果说，尽管拥有处理各种事情的全部那些能力，但从兴趣的角度说，我们人类仍然还停留在动物的水平，就算比动物稍微多了那么一点游移不定的好奇心、多了那么一点控制和建造的倾向、多了那么一点自我肯定感，那我们这个世界该多么无趣啊！如果世间

每一件事本身都不对我们产生吸引力，而只是被我们用来当作追求少数几个遥不可及的目的的手段，而我们却还要花费如此大量的时间来从事由这些事情所构成的种类繁多的职业，那当然是无法忍受的。如果那样的话，我们每一个人的全部工作日，都必定要忙于各种无趣的事情。确实，在一些制造行业中，现代劳动分工的发展，已经将工人的工作分解到如此单调的流水线上一个点，乃至于他几乎不可能对他的工作发生兴趣；但这已被公认是现代工业体系的一大缺陷。如果按照麦独孤的原理来理解，这就不该是一个缺陷，因为现代工业体系丝毫没有消除最初引导人们进入工业的经济动机。74
如果说，随着人类能力作为行动机制的巨大发展，不发生兴趣的相应的增长，那人类的生活必然是单调乏味的。二者之间如此地不相称，其结果只能是，我们只是将直接吸引我们的薪资作为目的而偶尔工作一番。而且，几乎我们所从事的所有的工作活动，本质上都将是苦工，需要外来的驱力加以维持。

事实上，人类的兴趣与人类的能力是同步发展的。通常，一个孩子表现出天赋的同时，也总是表现出兴趣来。如果我们把麦独孤关于本能和情绪相关联的概念延伸一下，并因此说，先天的兴趣是天生的能力的情感方面，这么说应该是不会错的。与音乐能力同步发展的，是音乐兴趣；与处理数字关系的能力同步发展的，是对数字的兴趣；与机械设计能力同步发展的，是对机械的兴趣；与语言能力同步发展的，是对学习说话的兴趣；如此等等，任何一种能力，无论是那些为所有的人普遍地共同拥有的能力，还是那些只有特别优秀的个人才独特拥有的能力，都有一个相应的兴趣与之同步发展。从内省的方面来说，兴趣可以约略等同于情绪；从行为的方面来说，兴趣就是驱力，其作用的方向，是使与之相关联的先天能力的活动机制得到执行。

本能作为适应性，是对环境的高度一般化的特征的反应；而能力作为适应性，则是对环境的更加特异化的特征的反应。例如，好奇心是对不断变化又持续呈现新事物的环境的先天适应，它的行为
75 表现就在于对新事物的探索。感知数字关系的能力，是对环境的一个更加特殊的特征的适应，其行为表现在于计数、相加、相减以及执行更复杂的算术运算等。这种数字行为很少出现在动物身上，它代表了一种人类特有的特殊适应。现在看来，就其本质而言，我们没有任何明确的理由来理解，为什么更加一般化的适应就一定拥有驱力的特性，而更加特异化的适应就只能作为被动的机制而存在。没有任何确实的理由可以设想事情一定会是这样的，也没有任何确实的证据表明事情在事实上是这样的，已有的证据倒恰好与此相反，这些证据来自人类各种特殊的专业化的活动以及使他们可以变得专注于这些活动的能力。所以，我们有理由总结说，就它们各自与驱力的关系而言，先天的能力与本能在本质上是相同的。先天的能力作为机制，首先，它们很容易被激活而产生活动，并因而只需要很少的刺激就足以使它们运作起来；其次，一旦它们被激活，它们就会像本能一样保持着活跃状态，并充当其他那些当时未被激活的相关机制的驱力。

因此，与麦独孤的本能概念所允许我们设想的相比，人类的各种先天动机作为一个系统，其空间要大得多，与麦独孤的本能概念相比，这个系统也能够更充分地说明人类行为的专业分化。特别是因专业分化而兴起的各种对象性的兴趣（objective interest），如对颜色、形状、音调、数字、空间排列、机械效应，以及对植物、动物和人类等等的兴趣，更是如此。真正引起我们兴趣的，并不是那

些抽象的智力活动，如推理、想象、记忆等，而是不同种类的对
象，正是这些对象，需要我们的自然能力来把握它们。这个世界是 76
有趣的，不仅仅因为它为我们提供了食物、庇护以及我们所有原始本能的刺激，更因为我们内在地拥有对它的很多对象性特征的适应性，并在应对这些特征时很容易兴起而进行各种趣味横生、令人满意的活动。人类动机的领域，与人类所能应对并理解的世界，一样地宽广。

第四章 人类的习得能力

77 人类的天生能力很广泛，包括各种各样的感觉和情绪、活动和兴趣，但是，如果我们将成年人所拥有的全部能力加以分类排列形成一个清单的话，那么相对于这个清单来说，人类的天生能力在数目上还是显得相对较少。除了身体的内部生理运动，人很少执行单纯的本能行为。先前的学习经验总是要渗透进来，并因而决定了行为必然以相对于本能而言改变了的形式表现出来。我们以我们已经学会的行动方式来行动，看到我们已经学会看的东西，我们对通过学习而对之发生兴趣的东西感兴趣，喜欢我们已经学会喜欢的东西，讨厌那些我们已经通过学习而讨厌的人或物。然而，如果我们因此就假定，人到成年就“废弃”了自己的天生能力——这不包括那些与消化等内在的生理过程有关的能力，同时为他自己重新建立起一整套全新的能力，以此作为他成年后执行他的理性的成人活动的手段，那就大错特错了。那些天生的能力，或者是其中绝大部分，仍然保留了下来、仍然在起作用，并被吸收组建到习得活动（learned activity）的各种更加复杂、更加专门分化的机制之中。

举个显而易见的例子来说，笑当然是一种无须学习的活动。尽管新生儿在出生后几个月之内不会笑，但当他成长到一定程度时，他自然就会笑。他开始时是微笑，稍后却因为大声地笑而使母亲感到惊喜、感到高兴。这样的大声笑，出现在在他表现出模仿他人行为的任何迹象之前，所以很显然，他不是学会了笑，而是天生就会 78
笑。在整个人生中，笑都是不随意的（involuntary）。除非由衷地感到好笑，否则，没有人能真的笑得出来。因此，笑作为一种活动，其运动的方面乃是由天生能力提供的，并在这个意义上仍然是一种本能的活动，只是由于成熟的过程而笑得更加协调，以及因为礼节的作用而笑得有所节制，或是憋着不笑。

但是，当我们问起到底是什么引人发笑的时，那么我们立即就明白，引人发笑的东西，并不完全是天生的。一个在成人世界中引起发笑的场景，对儿童而言就失去了这种引人发笑的力量，而引起幼儿发笑的那些场景，在孩子长大后也会失去这样的力量。一个玩笑可以令一个人开怀大笑，对另一个人却没这样的作用。在一个社会群体中引起巨大欢喜的东西，在其他社会群体中可能只是平淡无奇的或俗不可耐的或令人窒息的或令人丧气的。在某种程度上，每个民族都形成了一组特有的欢笑刺激物（laughter-stimuli），而当发现其他民族对它特有的智慧形式反应迟钝时，就判定它们缺乏幽默感。英格兰人说“苏格兰人只能听懂简单的笑话”；美国人坚持认为英国人没有幽默感；在马克·吐温的故事中，德国人抱怨说，他所看到的美国智慧精选读本“不是幽默而是谎言”。未经训练的人无法欣赏夸张和双关语，它们本身不具备引人发笑的力量，而是通过很多人的经验的影响才获得这种力量的。所以，虽然笑的运动活动（motor act of laughing）是由天生能力提供的，但是，它与那
些在成人世界中能引人发笑的刺激物之间的连接关系，却是习 79

得的。

引人发笑的场景太过于多样化，乃至于我们很难找到一个为所有这些场景共有的特征，并得以把它指定为基本的欢笑诱发因素（mirth-arousing factor）。但是，确曾有过努力寻找这样一种共同因素的尝试，这些尝试是以幽默理论之名义进行的。其中一个最值得注意的尝试，早就由霍布斯（Hobbes，《利维坦》，第六章）在以下论述中完成了：

> “突发的光荣”（sudden glory，霍布斯意指的是突然间生发的自我荣光的感觉）是造成“笑”这种“面相”的激情。这种现象要么是由使自身感到高兴的某种突发的动作造成的，要么是由知道别人有什么缺陷，相比之下自己骤然给自己喝彩而造成的。最容易产生这种情形的人，是那些最不了解自己能力的人。这种人不得不强迫自己注意别人的缺陷，以此来提升自我感觉。

很明显，关于笑，霍布斯显得相当愤世嫉俗。他的理论是大多数幽默理论的典型，因为这些理论看来都是那些他们自己不善幽默的作者提出来的。这些理论给人的印象是，它们是那些没有幽默感的人试图解释别人在笑什么。当然，必须承认，霍布斯所强调的骤然因素（element of suddenness），一般情况下都构成欢笑刺激物（mirth-provoker）的本质性的要素。他的概念中的另外一个要素，即与他人相比的优越感，事实上也存在于绝大部分智慧和幽默的情况中。日常生活中的揶揄，大概是针对受教育程度不高的人的嘲笑
80 的最有效刺激物，它将被嘲笑者暂时放在劣势位置，而且被嘲笑者通常还领会不到其中的嘲弄。很多更加智慧型的玩笑，也同样有类似的恶意因素。与此同时，我们都经历过这样的事实，即别人的劣

势所唤起的，可能是我们对他的同情或厌恶，而不是嘲笑。在已有的其他理论中，我们也可以发现有类似的例外。比如说，有的理论认为，笑的诱发因素在于同一个情境中的两个因素之间的矛盾或是期待与现实之间的矛盾等。

然而，对所有现存的各种幽默理论的最大的反对意见是，所有这些理论都不是发生论的（genetic），或至少说不是以关于个体幽默感的发生史知识为基础的。我们首先应该要发现，自然地引起婴儿微笑、引起他大声地笑的刺激物究竟是什么——几乎可以肯定，这种刺激物不可能是他自己的优越感；然后还有跟踪他一天天长大的过程，以探查出在这个过程的不同阶段能够逗他欢愉的那些刺激物所构成的渐进的系列。通过这个方法，我们或许就能发现所有这些刺激物的某一共同的要素，并得以证明这个要素就是引人发笑的根本要素。当然，这个发现也不可能是完全确定的，因为某一给定类型的情境与欢愉之间的联合，可能取决于个人生活史中的各种偶然事件，而不是取决于该情境与引起笑的自然刺激物之间的某种内在固有的相似性。我们还不充分了解自然的笑的历史，因而还不能给出一个令人满意的理论。但尽管如此，我们还是可以相当肯定地确信，既然我们天生就会笑，我们也就学习而知笑什么。

悲痛、恐惧、愤怒等等，也可以如此加以理解。其中每一项，就其运动的方面而言，都是由天生能力提供的。但是，激起这些运动反应的刺激物，却因经验的不同而不同。而且，不同的刺激物与不同的运动反应之间的连接关系，是由个人习得的。一般而言，不 81
同的情绪与它们各自适当的行为表现之间的关系，皆属此类。

一个自然的反应与一个不是其自然刺激的刺激物之间的连接，在相当简单的情绪中，比在上述这些更加复杂的情绪的情况中，更能被观察到。我们可以在动物中观察到很多这样的实例，如斯波尔丁（Spaulding）[①] 提供的如下观察。将一只寄居蟹放进一个长方形的玻璃缸内，保持玻璃缸一端光线黯淡，另一端明亮。寄居蟹出于本能是不会进入光线黯淡的那一端的，但是，如果把食物放在光线黯淡的那一端，由于受到食物浸于水后形成的食物流的味道的吸引，它就会进到那一端去。以这种方式反复喂养之后，即使在没有放置食物的时候，寄居蟹也会到玻璃缸中光线黯淡的一端。由此，觅食的反应就变得依附于光线之黯淡作为刺激物了。通过在蟹与食物中间放置一个金属丝网筛，并在这个网筛上设置一个足够寄居蟹通过的孔洞，以此进行进一步的实验，结果发现，寄居蟹不仅学会了穿过网筛，而且不久之后还将网筛作为刺激物并针对网筛做出反应：只要在玻璃缸内放置了网筛，它就要游到网筛后面，即使那里没有放置食物。网筛本身不是觅食反应的原初的唤醒刺激，但却通过由此形成的“联结”关系变得具有唤起觅食反应的力量。

同样，看到食物并不具有刺激唾液分泌的原初力量，但通过与具有这种原初力量的食物味道的频繁联结，它本身就变得具有这种力量了，从而产生望梅止渴的效果。甚至一种食物的名称也能产生
82 相同的效果。显然，“牛排”这个词的发音和牛排的味道之间没有任何内在固有的相似性，但这个词的发音确能让我们味蕾大开。这个例子从一个不同的领域，即唾液分泌这个领域，证明了我们上文在另一个领域，即笑的领域所说明的同一个道理：各种引发笑的因素（与这里说的各种刺激唾液分泌的因素类似），之所以获得了引发笑的力量，无非是由于这些因素与笑之间建立起了某种偶然的或个人生活史的联结关系而已。

---

① *Journ. of Comp. Neurol. and Psychol.*, 1904, XIV, 49.

唾液分泌的问题，已经被俄国生理学家巴甫洛夫（Pavlov）解决了，而且他的解决方案完全具有实验的精确性。将一块可以自然地引起唾液分泌反射的物质放进一只狗的嘴里，同时摇出一种铃声。这样重复很多次之后，在无需有味道的食物的情况下，铃声就能引起唾液分泌的反应活动。巴甫洛夫将由此建立起来的反射，即不是由其自然的刺激物所引起的反射，称为“条件反射”（conditioned reflex）。其他的反射活动也可以通过类似的方式发生“条件化”，也就是与不同的刺激物发生联结关系，而这些刺激物，如果不经过与这些反射活动的自然的刺激物反复多次的结合，是不可能引起这些反射活动的。在个体的生活中，这种第二性的或者说是人为的联结关系，既可能是暂时的存在，也可能成为永久的习惯。无疑，很多恐惧、厌恶、喜欢和不喜欢等，都是条件反射，这种类型的学习过程，解释了我们大部分的习得能力。正是这种类型的学习，使得我们能够根据生活的特殊条件来利用我们天生固有的运动潜能，从而达到生存和成长的目的。条件反射的概念还不能解释习得的行为反应如何与天生的运动潜能相连接，但解释了自然的行为活动与新刺激之间的联结关系。

在有关学习问题的讨论背景中，条件反射这一现代概念的重要性越来越突出。有鉴于此，如果我们回想起，洛克在他的著作的题名为“观念的联想”一章中所表达的思想，在很大程度上与条件反射概念是相同的，那是饶有趣味的。他不像其联想主义学派的继承者那样广泛地运用“联想”（association）这个词，而只是专门用它来解释观 83
念之间不合理的联系。他说（《人类理解论》，第二卷，第 33 章）：

> 在我们的全部观念中，有一些观念相互之间存在着一种自然的对应关系和彼此的联合。我们的理性的职务和特长，就是

要追溯这些观念，并将它们聚集于这些联合和对应之中，而这些联合和对应，则各自基于它们的特有存在。除了这种联合以外，还有另一种完全出于偶然或习惯的观念联合：一些本来毫无关系的观念，却在有些人的心中如此紧密地联合在一起，乃至于很难再把它们分开……很多人表现出的各种同情和厌恶，大多可以合理地归属于此（第二种观念联合）。这些情感反应，其作用非常强大，也产生必然的有规律的效果，就好像它们是自然的，并因而被称为是自然的（观念联合）。尽管它们起初只是两个观念之间的偶然联合而不是原始联合，但或者是由于印象的力量，或者是由于后来放纵这些情感的习惯，两个观念之间的联合变得如此紧密，乃至于经常在人心中相伴出现，好像它们就是一个观念。我只是说大部分的厌恶情感是如此，而不是说所有的厌恶情感都如此，因为有些厌恶情感确实是自然的联合关系，它们基于我们生命的原初的组织结构，是与生俱来的。但是，其中绝大多数的厌恶情感，虽然被认为是自然的，却是来自未经注意的而且更可能是早年的印象，或是来自某个偶然的、任意的幻想。如果对这些印象或幻想进行仔细的观察，我们就会承认，这些印象或幻想才是它们的起源。一个已经长大成人的人，因为过去食用蜂蜜过度至倒胃口，现在一听到蜂蜜这个名称，他的想象就会立刻使他的胃产生病情症状、恶心想吐，而且，他根本就不能想到蜂蜜这个观念。只要他想起蜂蜜这个观念，其他各种厌恶观念、疾病观念、呕吐观念等等便随之而来，让他苦不堪言，但他是知道这一切症状是从何而来的，也知道他的这种体质特征是如何产生的。如果这一切症状是在很早以前、当他还是一个孩子时因为食用蜂蜜过度而引起的，那么，现在也会产生这同样的结果，但其原因却可能（因为时间久远而）被误解，并因而以为他的厌恶情感是自然的……

具体实例：幽灵和鬼怪这些观念，其实与黑暗并无真正的联系，就像它们与光亮没有联系一样。但是，如果一个愚蠢的女仆反复向一个孩子的心灵灌输这些观念，并使得这些观念同时在他的心里升起，那么，这个孩子很可能一生都不能将它们分开。久而久之，黑暗将形影不离地带来幽灵和鬼怪这些令人恐怖的观念，它们如此紧密地联合在一起，以至于其结果是，他不仅害怕神灵和鬼怪，而且也害怕黑暗。

一个人受到了另外一个人的明显可察的伤害，又反反复复地想着那个人和他的行为。因为他心中念念不忘那个人和那个事，他就会把那人和那事作为两个观念紧密联合在一起，使二者几乎成为一体；一想到那个人，就会想起曾经受到的痛苦和不悦，因此，他几乎不能区分他的痛苦和不悦的情感和那人那事，其结果就是，他不仅厌恶那种痛苦的情感，也厌恶那个人。正因此，在这个世界上，人们常因一些本可以谅解的鸡毛 84
蒜皮的小事产生怨恨，而相互的争执却愈演愈烈、连续不断。

如果一个人在一个地方曾遭受过伤痛或疾病……尽管这些伤痛或疾病与这个地方之间不存在任何自然的关联，可是，只要他在心里一想到那个地方，那么，那个地方的观念就会将伤痛不悦一起带到他的心中来（假定先前已经形成了这个印象）。他在心中把二者混淆了，所以不仅不能承受那伤痛的观念，也不能承受那个地方的观念……

很多儿童把在学校因读书犯错受到责备的痛苦，归咎于他们因犯错而受到责备的那些书本，并因此把痛苦的观念和书本

> 的观念联合在一起，乃至于书本成了他们厌恶的对象。……有些房间作为读书学习的屋子是足够舒适的，但有些人就是不能在里面学习。虽然房间里还有些干净便利的时尚器皿，但他们就是不能用这些器皿来喝水。这一切就是因为一些偶然的观念同那些房屋、器皿等发生了联结，从而使它们变得让人厌恶……
>
> 我们可以发现，正是观念之间诸如此类的错误的和不自然的联结，导致了不同的哲学和宗教派别之间不可调和的对立。……正是观念之间的这种联结，使得行话有了意义、谬论得到自证、胡言得以自符。而且，我还不得不说，也正是观念之间的这种联结关系，构成了世界上所有错误乃至最大错误的基础。

洛克陈述他的思想的方式，对现代学者来说有些难以接受，特别是由于他对“观念”这个术语的广泛而含糊的使用，以及在按照我们的理解应该说是刺激和反应的联结的时候，他总说是观念之间的联结。以非常简单的行为方式来实验地证明这种联合很有优势，正如近年来动物心理学家们所做的那样。但是，当我们继续将条件反射的概念运用到更高层次的行为上时，我们就是在紧密遵循洛克的步骤。他关于很多厌恶和恐惧的情感都追溯到儿童期发生的各种偶然的联结关系，这个说法尤其值得我们特别关注。

除了这种旧有的反应与新异的刺激之间的联结之外，从非常低级的动物行为往上一直到人类行为，我们也能看到各种反应与它们各自的自然刺激物的分离。甚至原生动物或单细胞动物，也表现出这种分离的短暂效果。假设一只这样的动物在其生活的水中，被一股突然的水流妨碍（如将一股水流喷向它），它会以收缩或者其他
85 的躲避反应来加以回应。如果这种刺激经常重复，这种反应会减小力量然后停止发生。动物由此变得适应于，具体说是“消极地适应

于”（negatively adapted）无害的刺激了。在原生动物的情况中，这种适应只是短暂的，因为经过休息，这种回应会像最初一样再次发生。固有的结构既没有增加，也没有减少。在更高级一点的动物中，经过一段休息之后，这种适应可能还会持续。佩克汉姆（Peckham）夫妇[①]观察到，一只蜘蛛会因为很大的音叉声而从它的网上坠落下来——这是它的一种防御反应。等它爬回去，重复音叉的声音刺激，它会做出同样的防御反应。这样经过大约六次之后，音叉的声音刺激，就不会再引起它的坠落反应了。到了第二天，它又有了坠落反应，但经过若干次重复之后，又像之前一样停止。然而，经过十五天同样的训练，音叉的声音就再也不能引起蜘蛛的坠落反应了。至此，对音叉声音刺激的适应已定型，并构成蜘蛛天生能力的补充：从某种意义上说，这是一种消极补充，但从能量节约的角度说，它也是一种对动物而言具有积极优势的补充。

能自然地引起特定反应的刺激，不再具有引起这一反应的力量，这样的例子，我们可以举出很多。防御反应或躲避反应是在特定情况下对无害刺激的应对中自然地产生的。但是，如果这种刺激在这些情况下反复发生，它就有可能和反应分离，就像一匹马习惯了马具或被驾驭一样。同样，搏斗反应也可能与其自然刺激相分离，就像狗和猫学会和平地一起生活那样。分离也可能发生在获取 86
食物反应和一些自然地引起这种反应的刺激物之间。

但是，这种分离的最常见情况，是发生在探索和注意的反应与最初引起这些反应的刺激物之间。本质上讲，任何强烈的或骤然发生的感觉印象，都会吸引注意力。但经过频繁的重复之后，这些感

① *Journ. of Morphol.*，1887，Ⅰ，383.

觉印象都会失去这种力量，除非这种感觉印象在受到注意的过程中，已经导致了某种更进一步的反应。也正因此，所以，我们逐步变得消极地适应了闹钟的响声、消极地适应了任何一个不需我们对之采取行动的物体的存在、消极地适应了经常出现的风景或美丽的图片，也消极地适应了我们的丈夫或妻子的一切可亲的特性，以及任何可以忽视而不受惩罚的对我们注意力和努力的要求。

消极适应是节省精力的一个来源，也提供了节省原则在生物身上起作用的证据。自然反应和引起这个自然反应的自然刺激物之间，还有另一类分离，这种分离是由在应对特定刺激时反应的不良后果带来的。小鸡啄起一只毛虫，就像它会啄起其他一些大小相似的物体一样，但是小鸡啄起毛虫之后会立即放下它，经过一些这样的经历之后，小鸡就不会再去啄毛虫。特里普利特（Triplett）关于鲈鱼和小鱼的有趣实验[①]在这里值得一提。将两只鲈鱼放进一个长方形的玻璃缸内，其中一端用一块玻璃隔板隔开。它们以前都是
87 用小鱼喂养的，但是在实验的时候，它们的食物换成了蚯蚓。实验者定时地将一些小鱼放进玻璃缸内由玻璃隔板隔开的那一端，又定时地将小鱼取出，实验进行一定时间后，就一直将小鱼放在里面而不取出来。对小鱼的出现，鲈鱼的第一反应就是冲向它们，但是经过它们的鼻子多次撞击玻璃隔板之后，它们当天放弃了。而到了第二天，当小鱼又被放进去的时候，鲈鱼虽然也冲向它们，但却不像第一天那么用力了。经过一个月这样的训练之后，鲈鱼已经不再撞击玻璃了。这时，实验者将隔板移走，但是鲈鱼表现得好像隔板还在那里，当游到隔板以前所在的那条线时，它们就沿着这条线游动，却不越过这条线。然而小鱼却越过这条线而游到鲈鱼身边，但

① *Amer. Journ. of Psychol.*，1901，Ⅻ，354.

它们却是完全安全的，即不会被鲈鱼吃掉。至少在那个玻璃缸里，鲈鱼已经停止猎捕小鱼了。

关于哺乳动物，也有一个类似的实验①。将一只老鼠放进一个小盒子里，盒子有两个外出的通道。老鼠迟早要做出反应，就是进入并探测其中一个通道。当它进入其中一个通道时，它踩上地板上的一些电线，并受到足以令它不快但不至受伤的强烈的电击。于是，它从那个通道退回来，待在盒子里，不会立即再次进入这个通道。实际上，它倾向于在盒子里停留一段时间，不做任何进一步的探测反应。一段时间之后，它变得不安并开始再次探测。如果它进入上一次进入的那条相同的通道，它就会再次受到电击。但如果它进入另一个通道，它就不会受到电击，并得以从盒子狭窄的拘禁中逃出来，回到它的窝。试验重复很多次之后，老鼠总是选择没有电 88
击的那个通道。电击既可能设置在右侧通道，也可能设置在左侧通道，在这种情况下，老鼠很快就可以形成左、右通道的分别。事实上，在这个实验中，对老鼠而言，如果只是简单地选择左右，那么，一次电击的经历就足够了。当一个通道是白色拱门、另一个通道是黑色拱门，并且这些标志频繁更换的时候，假定老鼠每次进入带有白色标志的通道时受到电击，那么，可能需要经过一百次的试验，老鼠才能学会完全地躲避白色拱门。如果标志是两个不同色调的灰色，二者区别不是很大，那么，老鼠需要更多次的试验，才能完全地形成对二者的区别。对于我们这里正在讨论的主题而言，这个实验说明了以下两点：第一，能自然地引起某一积极反应（在本实验中就是老鼠的探测反应）的那个刺激物，由于伴随积极反应而产生的痛苦刺激，却与这一积极反应相分离，同时联结于一个消极

① 参见 Yerkes，*The Dancing Mouse*，1907，pp. 95ff。

反应，也就是躲避反应；第二，受到逃脱拘禁和避免痛苦的需要的推动，动物开始注意情境的某些特征（在这个实验中就是黑色、白色或灰色等标志），而这些特征，却是它在自然条件下很少加以注意的。躲避那条会带来痛苦的通道，这可以理解为条件反射之一例：看到通道很快就想起电击，而电击必然唤起躲避反应，于是，看到通道本身就激起了躲避反应，而与躲避反应恰相矛盾的探测反应也就被抑制了。对那些在正常情况下会被忽视的特性的关注和反
89 应，或许可以做如下理解：老鼠一方面受到逃离盒子的需要的驱动，但另一方面，穿越通道时经历过的电击的痛苦刺激，又使老鼠陷入了迟疑不决的状态，就在这个迟疑不决的阶段，那些原本对于引起老鼠反应活动只具有微弱的潜在力量的刺激，于是获得了发挥其全部可能力量的机会。

就像其他形式的由于适应而产生的分离一样，一个反应由于惩罚而与其自然刺激产生的分离，在为了其未来的行为而模塑人类和动物的天生能力方面起着十分重要的作用。惩罚若要达到实际的效果，就必须直接地运用于那要被惩罚的行为，而且必须是有规律地而非间歇性地被使用，其严重程度必须足以产生躲避反应，同时又不至于引起恐惧而阻止行为主体对情境的进一步注意。一个能诱导出某种该受惩罚的行为反应的情境，可以比喻地理解为一个谜，对这个谜的解答，取决于对这个情境中就其自然本性而言不足以引起动物或人的注意的那些因素的注意。但是，如果在这个情境中的那原本自然地控制着这个行为反应的因素，却因为这个行为反应带来了惩罚，同时又不至于完全抑制了任何进一步的活动，那么，这个情境中的其他因素就有可能被注意到，并因而引导出某一与这个因素相适宜的反应来。

惩罚并不意味着痛苦的情绪。如果一个人或一只动物对某个结果（或“成就”）怀有“誓死必得的心理定势”，那么，在追求这个目标的过程中所遭受的挫败，从主观上讲，与真实的痛苦体验一样是很不愉快的，并构成一个有效的惩罚，其结果不是阻止对最终目的的追求，而是阻止对那导致坏结果的行为方式的使用。对此，我们可以再次用动物实验加以说明。[①] 将一只老鼠放进一个迷津，迷津的中央放有食物。在实验刚开始的时候，老鼠因为没有意识到附近有食物，所以只是随意探索着。但是，在它第一次偶然地碰到食物之后，就将它再次放回到起点，这时，它的行为就显示出了急切 90
地要搜寻食物的特点。经过多次试验之后，它就回避迷津中所有的盲路，并全速地穿过迷津直奔食物所在的位置。它对待盲路的行为反应方式，倒是非常有趣的。开始时，迷津中的任何一条通道，都会唤起它的探索反应，但是在搜寻食物的时候，如果它进入的是一条盲路，那它会以极快的速度搜寻一遍后就从中退出来；下一次，它可能只是将头探进一条盲路后就撤回来；而到最后，它就完全不顾所有的那些盲路了。总之，它对盲路形成了一种消极反应，或者说是躲避反应，就像那里隐藏了电击一样。

与迷津稍有不同的另外一种实验形式，就是“迷笼”实验，这种实验在有关动物学习的研究中被广泛使用。所谓迷笼，就是一个里面包含一些机械装置的笼子，实验时将动物放置其中，动物则通过操作其中的机械装置如门闩等，从中逃离出来。在桑代克的实验中[②]，一只饥饿的猫被放进一只笼子，在笼外放一些食物，透过笼子的栅栏可以看到这些食物。饥饿的猫尝试从栅栏的缝隙中挤出来

① 参见 Hicks and Carr，*Journal of Animal Behavior*，1912，Ⅱ，98。

② *Animal Intelligence*，1898.

获取食物。但迷笼的设计当然不会让猫通过这种方式就能出来，所以在由此遭到失败后，它又尝试其他一些看似可能的出口，或是笼子里一些足够突出以吸引其注意的部分。它东抓西咬，晃动迷笼内任何可以活动的部件，并在这个过程中偶然踩动了门闩，最终得以逃脱出来获得了食物。在第二次试验中，当猫被再次放进笼子里时，它的行为大致和第一次是一样的。但从总体上看，它的行为却表现出一个趋势，即倾向于减少无用的动作，并比上一次用更少的时间就得以逃脱出来。在经历若干次试验的过程中——试验的次数依所要求的行为的难度而不同，猫逐渐排除了所有那些不成功的反应，而变得能够一被放进迷笼就立即逃脱出来。这个过程现已被称
91 为“尝试与错误”的学习。这一过程的突出的特征是：（1）逃出迷笼的定势或驱力；（2）猫针对所面对的复杂情境的各种不同的特征，做出各种不同的反应；（3）不成功的反应逐渐被消除；（4）最终做出直接、快速的成功反应。

通过尝试与错误而发生的学习，其过程的内在本质尚不明了。但无论如何，桑代克的“效果律”（law of effect）就是以这种学习现象为基础的。所谓效果律是说，行为反应的结果或可以是满意的，或可以是不满意的，并分别加强或削弱引起该行为反应的刺激与这个行为反应之间的联结关系，其结果是，带来满意结果的行为反应逐渐胜过了那些带来不满意结果的行为反应。华生（Watson）与其他人都竭尽全力地要排除这一效果律，并坚持以条件反射和长久以来一直广为接受的“频因律”（law of frequency）来解释一切学习现象，其中所谓频因律是指，一个反应与一个刺激之间的联结关系的强度，与这个反应针对这个刺激做出的次数成正比例关系。但是，华生等人的分析还远远不能完成。毫无疑问，一个不

成功的行为反应具有惩罚的意义，并导致对这个行为的回避。当然，针对同一个刺激条件，可以有多种不同的预备反应。因此，在这些预备反应中，很有可能就有一个反应直接导致了完成反应，这个预备反应也就因此而获得优势，以与那积蓄起来的、追求完成反应的能量相结合，又由此与完成反应整合在一起而构成一个单一的复合行为。如果这种解释是正确的，那么，我们就从这个学习案例中获得了一个我们在前面的讨论中一直没能揭示出来的一种新的学习现象，即不仅存在刺激与先天反应之间建立新的联结关系的学习现象，也存在通过两个自然反应整合为 92
一个单一的复合行为而建构新的联结关系的学习现象。就桑代克的实验来说，猫并不是逐个消除针对实验情境而做出的那些不成功的反应，最后将那成功的反应保留下来作为唯一的反应，而是学会了“推开门闩—逃出迷笼—吃食物”这样一个复合的行为反应。

人类的习得能力包括数量巨大的复合行为，这些复合行为是通过学习的过程而被整合起来，并作为整体得到使用的。对此，语言为我们提供了大量的例子。出声和发音这些基本的声带运动，都是天生的，而且，婴儿在开始学习说话之前就已经广泛地执行这些运动。在一定意义上说，婴儿学习说活，就在于以这些基本的声带运动为基础形成不同声带运动的固定组合，如单词、音节、短语等，都属于这样的固定组合，这些固定组合随后就将成为他的语言单位。说一个单词或术语的机制，是作为整体由一个单一的言语活动加以执行的，而不是由与该单词或术语的语音要素相对应的那一系列有意识的活动来执行的。书写也是这样的。基本的手指运动也是自然天赋，书写训练将这些基本的手指运动组合为不同水平的复合运动，如写环形笔画和字母、写完整的单词、作为签名而写自己的名字等的复合运动。经过训练之后，这些复合运动各自都是作为整体单元而被执行为某一活动的。在学习阅读时，儿童或可以从字母开始，或可以从单词开始，甚至也可以从短句开始。但是，无论以何种方式开始，他最后都是对复合的印刷形式作为整体单元加以反应的。关于如何处理这类语言复合体的学习方法问题，以成年人为对象进行的学习打字和学习发电报的实验，已经获得了很多精确的知识。在所有这些实验中，学习的过程基本上都是一致的。在开始
93 打字时[①]（通过“接触”的方法，假定被试看不到键盘，但可能在他面前放置一个键盘的图示，以指导他的打字动作），第一个任务就是学习单个字母的位置，以及从手的初始摆放位置到达每个字母位置的必需的手指运动。经过大量的练习之后，当被试每当随意地想到任何一个字母，就能通过正确的手指的一次直接的运动敲出那个字母时，他就能够以较慢的速度打字书写了，并可以认为他已经学会了打字。其后，他的进步就只在于提高打字速度，使打字过程更加顺畅而已。但是，如果他继续努力提高速度，经过一段时间之后，他会发现他的写作方式发生了变化，他不再是一个单词一个单词地拼写，不再是以每一个分离的手指动作来写出每一个字母，而是将熟悉的单词作为一个整体单位，并将构成每一个单词的那些字母的手指运动结合为一个整体，进而形成一个单一的复合行为。通过进一步的训练，他甚至开始将熟悉的短语作为一个整体来写。很明显，他已经形成了产生固定系列的手指运动的机制，并使用这些较大的机制来进行打字写作的工作，代替了起初形成的每想到一个单个字母就做出单一手指运动的较小机制。这些单个手指的单个运

① 参见 W. F. Book，*The Psychology of Skill*，1908。

动的最简单的单位，已经被整合在一起而构成更高级的运动单位。通过学习而形成的整个打字机制作为一个系统，具有高度的灵活性，因为无论是单个字母，还是其无数的组合，都能根据不同的情况而被顺利地打出来。

学习发电报的过程[①]，与学习打字的过程经历相同的阶段，也 94
是开始于字母单位，之后加上单词和短语单位。此外，电报发报员不仅要学习以字母、单词和短语作为单位来写或“发送”，而且还要学习以相同的方式“接收”。首先，当他从接收器听到一则报文的密码时，他必须从一系列的咔哒声中确认每个字母，从而费力地拼出单词。要是他还处于这个阶段，那么，他的接收速度就太慢了，完全不能满足常规的工作流程的需要。通过持续的练习，无须挑选出单词中单独的字母，他就能够识别出代表一个单词的长串的咔哒声。对于熟悉的词组而言，也是这样。他形成了识别单词和词组的各种“高级单位”的机制，并习惯了使用这些高级单位，同时他也使用识别单个字母的那些较简单的机制，以备电报信息中包含不常用单词时的需要。

在从说话到发电报的各种语言活动中都清晰可见的“高级单位机制”（higher unit mechanisms），也出现在所有各种技能活动（skilled action）中。实际上，从很大程度上说，所谓技能，正在于对这些节省劳动的机制的运用。至于这些高级单位的形成过程，这里想给出如下重要提示。

如果需要学习的复合活动是运动型的活动，比如说在打字或发报中所包含的那些复合活动，那么，学习过程的一个基本要素，似乎就是其中包含的预期（anticipation）。在这种情况下，当一个简 95

① Bryan and Harter，*Psychological Review*，1897，Ⅳ，27 and 1899，Ⅵ，345.

单的运动正在被执行时，注意就已经指向了紧接着就要执行的下一个运动。当学习者的进步已经很大，能够进行这样的预期时，他在此前的行为中表现出来的生涩趋于消失，因为此时，他并不是在第一个运动结束之后开始第二个运动，而是在执行第一个运动的同时就已经做好了执行第二个运动的准备，所以，能够从一个运动到另一个运动顺利通过。当这种执行一系列运动的方式变得习惯化、变得容易了的时候，那个运动的系列就转变成了一个单个的连续活动。

如果需要学习的复合活动属于感知类型的活动，比如说接收电文所包含的那种复合活动，那么，由于对将要接收到的内容的预期是不确定的，所以，学习过程所采用的程序，就是将注意向后指向已经接收的内容，而不是向前指向发送作为不可控的外部过程的结束端。也就是说，在接收电报电文时，一个开始学习并发展他的收报技能的人，只能被动地收听电报接收器的咔哒声，然后才能明确地确定其中每一个咔哒声是什么。为了解读电文，他只能在后跟随接续而来的咔哒声，并只有通过这种方式，才能集中注意于与一个单词或词组相对应的整个咔哒声系列。他这样调整他的注意的结果是，他对咔哒声的反应，只能由多个咔哒声构成的完整系列来决定，而不是由其中一两个咔哒声来决定。

虽然说关于感知和辨认复杂物体的学习过程的研究，并不像关于做复合运动的研究那样容易，但上述关于电报话务员的观察结果，为我们提供了一个很好的案例，有助于我们理解在类似情况中所发生的过程：对一个复杂的物体作为复合体的感知之所以是可能的，是因为这样一种注意的态度（attitude of attention），即允许复
96 杂的刺激物作为复合体共同决定感知的活动。对此，有关一长串数

字或无意义音节的记忆的实验研究[1]，为我们提供了一定的证据。在这类实验作业中，被试自发地对数字或音节进行分组，而这种分组活动，是先于对这些数字或无意义音节项的单个项目的仔细学习的。由此划分出来的项目群组，首先被理解为一个完整的单元，然后再被析成各个部分，这些部分在其与群组的关系背景中被感知。

如果我们将有关“高级单位”的讨论局限于上文对打字和发电报的实验研究的检验，这很容易造成一个错误的印象。对这两种活动的学习，即使不说是必然地，也一定是通常地从掌握较低级的单位开始的——在这两例中就是字母。只有当这些低级单位已经被很熟练地掌握，乃至于达到自动化的程度以后，高级单位才会从中出现。有关阅读教学的现代经验表明，在阅读学习中，在将单词作为单位进行认知处理之前，掌握字母并不是必不可少的。印刷出来的单词作为一个整体，有一种特征性的外观，儿童在知道这个单词是由这些字母组合在一起而形成之前，就已经能够辨识单词的这种特征性外观。他对单词的知觉在一开始时是相当模糊、未经分析的，虽然这个知觉也有一定的确定性，并足以被认定为一个单词。儿童学习阅读的能力的进一步发展，在一定程度上说就在于将单词作为整体单位分析为构成单词的字母单位。“首先是掌握高级单位，其后的分析或多或少地要将高级单位分解为较小单位”，这对于阅读学习而言大概是规律而不是例外。儿童首先将物体作为一个整体加以感知，随后，他可能会观察这个物体是如何组成的。成人的感知过程也是从对一个复杂物体的总体印象开始的，然后，如果有必要 97
的话，才进展到其细节之中。我们能识别出很多人的面孔，但却说

① G. E. Müller，*Zur Analyse der Gedachtnistatigkeit*，1911，1913.

不出其细节。通常情况下，当我们说起一个相当著名的面孔时，我们所能说出来的，也只是说那是一张人的面孔。我们将其作为一个整体特征来认识，却不了解其部分。一个艺术家，由于他需要将一个面孔再现出来，所以必须注意其细节，但即便是他，也不能将他对这个面孔的分析推行到底。他的绘画并不是要将面孔的每一个细节特征原原本本地描绘出来，所以他会忽略对其目的不重要的部分。观察始于未经分析的整体，然后，如果有必要的话，再根据需要开始察觉细节。开始时的整体不一定是能被理解的最大的整体；相应地，与此相反的过程，即把那些通过观察而分析出来的较小单位结合为较大的单位，也同时在进行着。但无论如何，从整体到部分的运动才是知觉活动的更加根本的特征。这也是一切运动活动的根本特征。学习使用一种工具，通常都是从作为整体的运动的大致模拟开始的，学习过程的进展，主要在于注意那些能够逐步完善的操作细节。一个复杂的运动动作，在一开始时是作为一个粗略的整体笨手笨脚地被执行的，当随着练习而熟练之后，可以被分析成一系列的基本动作，而这些基本动作又分别地单独被掌握，然后再重新结合成一个流畅、连续的过程，如我们前面已经说明过的那样。所以，整个运动动作最后又变成了一个整体，但却是比在一开始时的粗略的整体更加熟练、更富有技巧性的整体。

除了本能运动组合为习得的复合运动外，有迹象表明，天生的
98 复合运动也有可能被打破成构成它的那些基本成分，所以，一个习得的运动就可能由本能运动的一个部分为基础而构成。最明显的例子就是儿童喜欢玩的各种运动游戏，如只眨一只眼睛、在某一特定的指关节处弯曲手指等等。在钢琴演奏中移动单指的能力更具有实际意义，这种能力只能通过大量努力才能习得，因为手指的自然趋

势是一起移动（除了食指）。这一切因为下面这个事实而受到质疑：有时候我们可以观察到，婴儿可以做出诸如眨一只眼或单独移动某一根手指的动作，即使这些动作或许做得不完整。对此，我们或许应该做出如下推论：婴儿在日后学习这些分离的单独运动的过程，不是打破那自然的协调的过程，而是获得对那些简单的、很少被使用但仍然属于先天性质的运动的控制能力的过程。因此，从运动方面进行的分析，是否能超出由天生能力提供的最简单协调的范围，仍然是值得怀疑的。但无疑的是，对作为特定刺激条件之自然反应的复合运动进行分析，乃是一个普遍的学习过程。从知觉方面来说，分析的活动就显得更加明显了，因为对于一个复杂的物体或情境，我们学习注意其要素和特征，并学习对这些要素和特征的反应，但那复杂的物体或情境，我们最初只能把它当作一个统一的整体来加以知觉。因此，我们才会细心观察事物的大小、形状、颜色、数量以及其他许许多多的特性和关系。

分析过程的最简单的例了，可能就是前面提到过的那个关于老
鼠的例子。其中，老鼠针对某一情境作为整体的自然反应，由于遭 99
受电击的痛苦而被阻断了，于是它便转而对其他的一些特殊的特征做出反应，如位于门上黑色或白色的拱形，而这些特征从本性上说它是很少加以注意的。在自然的、非分析的行为反应的过程中所遭遇到的阻碍，为行为反应的分析提供了偶然的机会，这或许是一个相当普遍的事实。

习得能力的获得，除了以条件反射为典型代表的简单过程以外，还包括分析（analysis）与综合（synthesis）这两个一般途径，其中分析和综合这两个术语，当然不是在其传统意义上说的，而是在行为的意义上说的。分析过程在知觉反应中得到了更好的理解。

如前所述，在知觉的反应活动中，分析过程主要是由下列情况造成的：知觉活动作为对某一整体情境的非分析的反应活动，在进行的过程中由于某种原因而被阻断；就在这种被阻断的暂停状态中，它的注意力被吸引到情境中先前对它没有明显影响的一些要素，并因而受到这些要素的影响。综合过程在知觉反应和运动反应中都是明显的。无论是知觉反应还是运动反应，一旦它们通过练习而变得容易，就可能结合成“高级单位”。促进结合过程的驱力，无非是那些为了速度、效率、经济等的种种努力——简言之，为了正在进行中的任务能取得成功。实现结合的方式是扩大活动的流程范围，这在运动反应中表现为对下一步即将要执行的运动的预期，而在知觉反应中，则表现为抑制对单个刺激做出反应，直到后续的其他刺激逐个呈现出来并各自产生了影响之后，最后实现总的反应。无论在哪种情况中，都要在两个或更多的基本反应之间建立起某种协调，并由此实现某种更高级的反应单位，而这些更高级的反应单位又通过反复不断的练习而成为个人所拥有的熟练而固定的习得能力。

100 由此可见，所谓习得能力，就是由新“机制”所构成的。与此相对应，我们以下需要面对的问题是：个体是否会经历类似的发展过程来建立起新的“机制”？条件反射类的学习过程的发生，当然有相应的驱力与之相伴，如上文对笑的例子的分析所已阐明了的那样。在上文分析中，我们已经知道，愉快想笑的趋势一旦被激起，就有了驱力的性质。在建立条件反射的经验的过程中，它转而与它自己的自然刺激以外的其他刺激发生了联结。实际上，所有的本能趋势都是这样的：它们都可以被原本没有能力激起它们的其他刺激所激起。

先天的驱力也可以彼此结合而构成混合动机（mixed motives）或复合动机（compound motives）。某一给定的事物可以是两种或两种以上的自然趋势（natural tendencies）的有效刺激。如果这个事物在个体的经验中反复再现，那么，这些趋势就可能会以这个事物为中心而相互结合构成一个驱力的“高级单位”，它与上文所说的机制的高级单位是完全类似的。这在本质上就是香德（Shand）和麦独孤[①]所倡导的关于爱、尊重等等“情操”（sentiments）得以发展的那个过程。这种复合驱力，既可以围绕某一单个的事物结合而形成，也可以围绕某一类事物结合而形成。儿童在成年人的心中既唤起了要保护他们的冲动，也引起了想以他们逗乐的趋势；而成年人对待儿童的态度，或多或少正是这两种冲动或趋势彼此混合而构成的复合体。除了这种一般而言的儿童与成年人的关系而外，一个人自己的儿女，还会唤起他的拥有感和自豪感。因此，促进一个父亲发展与儿女的关系的动机，主要是一个混合动机，是一个在他的生活经历中逐渐发展出来的动机。同样，一个人对异性的态度， 101
有可能由性吸引、好奇心、恐惧和不确定性组成，缺乏完整的同情和审美性。这种态度不是静态的，而是有助于决定一个人如何对待异性的行为的驱动力量。类似的态度在对待服务员、专家和其他各类人群的经验过程中逐渐形成。如果认为对待任何诸如此类的人群的行为，是纯粹自动化的习得反应，那就错了。虽然在这种关系中，行为反应的方式确有一些固有习惯，但个体对待特定人群中不同个人的行为，却因为环境条件的变化而有无限的可变性，同时又在这无限的可变性中保持某种共同性。某一特定人群中的某一个

① 关于他们的这个观点的一个方便可得的参考是麦独孤的《社会心理学》第五、六两章。

人，他在我们身上所引起的，绝不仅仅是纯粹的运动反应；相反，他首先引起的，是我们对这一人群的全部习惯态度，正是这个态度（在这里称之为“驱力”更恰当），决定了我们对最终导致表现于外的行为反应的那些具体机制的选择。

分析过程将自然的复合驱力分解成不同的驱力要素，并因而在实际上增加了动机力量的种类，那么，是否这其中每一个动机力量都具有某种机制与之配合从而达到结合的平衡，这是很值得怀疑的，恰如我们在机制的获得过程中所看到的情况一样。关于这个问题，至少是没有明确的说法的。作为其训练的结果，个体驱力的部分消除——这个过程类似于上文有关机制的讨论中提到的消极适应或分离的说法——无疑是事实。我们不仅仅学习避免公开表达愤怒，而且还学习避免发怒、避免轻易被“冒犯”。这当然并不是说，
102 愤怒作为一种动机力量，由此就会从任何人身上都完全被消除了，而是说在很多人的生活中，它的影响减弱了。对于一个儿童来说，他因为发怒而攻击。但是，由于他的这种行为带来的结果是他自己不愿意要的，所以，他便学会在生气的时候要控制自己的行为。然而，怒气没有发泄出来，这本身就是一种不愉快的状态，所以，他后来还进一步学会了控制愤怒的情绪；而且，因为同时受到其他动机的驱使，又不因发怒而乖张，所以他也学会了一直保持着心平气和的心态。

除了驱力的消除、驱力与新刺激的连接和结合外，习得的动机还有另一个来源。对于人类的活动而言，一个基本的一般原则是，我们一方面有志于克服困难，另一方面又对能取得成功的事情怀有兴趣。简而言之，我有志于成功地克服困难。所谓困难，既可能在于某一活动的运动执行方面，也可能在于对事态的感知和理解方

面，还可能同时在于这两个方面。如果一个行动所面临的困难，或者因为早已被解决，或者因为有良好的习惯而被克制，因而变得很容易，那么，这个行动就成了自动化的而失去了趣味；如果一个行动，它的执行面临着无论如何都无法克服的障碍，那么，这个行动无疑是很恼人的；但是，如果一个行动确实面临着种种阻碍，但可以通过一定的努力加以克服，并且这种努力却又不是那种死磕到底乃至于让人崩溃的类型，那么，这个行动当然是最能引起人的兴趣的。如此看来，随着我们对世界的了解，我们学习感知和理解世界中的不同事物，从而产生新的兴趣。对于任何一个这样的事物，如果它足够新奇，并因而引起我们理解的困难，但其困难的程度却仍然在我们训练有素的感知能力的范围之内，那么，这个事物对我们而言一定是饶有趣味的，我们也会受到要克服它给我们带来的困难的冲动的驱使，努力地去理解它。同样，一个运动活动，如果我们已经相当熟练地掌握了执行它的机制，但它本身又足够新异乃至于需要我们付出相当的努力，那么，这个运动活动就是一个我们有兴 103
趣去执行的活动，我们也会受到要克服它带来的困难的冲动的驱使去执行它。有些人跟麦独孤一样，试图将所有的动机力量追溯还原为本能，他们会将上述这类行为活动解释为是受好奇心和操纵欲等先天冲动驱使的结果。但是，他们这样的解释，没有抓住这类行为的实质。我们不能说存在着这样一个尚未分化的动机力量的库存(undifferentiated reservoir of motive force)，并可以整体地把它叫作好奇心，好像它能够被分流引入这个或那个知觉活动。相反，好奇心只是对一类数量不定的冲动的总称，其中对每一个冲动的确认，都依赖于一定程度的感知和理解某一特定事物的能力的存在。儿童首先对明亮的光线和强烈对比表现出好奇心，像这些光线和对比等等，都属于眼睛运动的自然刺激物。后来，当他在一定程度上学会了理解人和事物之后，他的好奇心就被引到这些人和事物上。当他开始感知事物之间的关系时，他就对这些关系表现出好奇心。他能够获得处理各类事物的机制，这种获得能力的确是天生的。但是，只有在这种能力通过训练得到发展的过程中，好奇心才得以表现出来。换句话说，好奇心作为任何感知活动的驱动力量，最好被理解为是对特定感知活动的兴趣，或者更简单地说，是对特定事物的兴趣。其后，当儿童经由经验的作用而能够理解事物的时候，他就有了新的兴趣，有了引导他去感知的新的驱动力量。关于对各种技能型运动的兴趣的形成，可以给出与此相类似的说明。

104 技巧性的游戏活动很好地把我们这里讨论的要点凸显了出来。驱动一个棋手下棋的那个动机，或是驱动一个高尔夫球手打高尔夫球的那个动机，都不可能通过援引一个尚未分化的好奇心或操纵欲的库存而得到充分合理的解释。棋手之所以要下棋，正是受到对象棋的兴趣的驱使，高尔夫球手之所以要打高尔夫球，正是受到对高尔夫球的兴趣的驱使。在所有这些具体的情况中，驱动力量都是特定而具体的，并且是在学习这些游戏的过程中获得的。同样，虽然一个人完全可能是出于纯粹的外部经济动机而进入某一特定的商业行当，但是，随着他对这一行业的问题和流程的熟悉，他也发展出了对这个行业本身的兴趣。其后，只要他的工作不退化为机械化的例行公事，那么，推动他进行他的日常工作的驱动力量，就只能是他对所面临的问题，以及他能够据以处理这些问题的过程的兴趣。目标提供了探求方法的动力，但是，方法一旦被找到，这些方法本身就会成为感兴趣的对象。

总之，人心所具有的获得新机制的能力，同时也是获得新驱力的能力。因为每一个机制，在其形成的早期阶段，在它已经达到一定程度的有效性，但还没有成熟到完全变得自动化的时候，它本身就构成一个驱力，并能够驱动执行那些超出它自己直接控制的范围以外的其他活动。饥饿、恐惧、性欲等等，所有这些原始力量继续保有它们的效力，但是，它们本身，甚至包括它们彼此之间的结合，无论如何也构不成真实的、有经验的个人的全部驱力。

第五章
选择和控制的因素

105 在一个人和一个处理各种原材料并生产出大量成品的巨大而复杂的制造工厂之间，有一定的可类比的相似性。这个工厂以一整套基本的机械设备作为机制为基础，发展并安装了大量的特殊联动装置，以适合于它被建立起来要做的那些工作。对这个工厂来说，只要将来对它的要求与它现在已经接受的要求依然是一样的，那么，它的设备就足以能够满足所有这些要求。如果在工厂发展的过程中出现了新的要求，那么，工厂就必须相应地发展新的设备。如果其中一些旧设备因为没有新的任务要求而闲置不用，那么，这些旧设备并不是被拆卸出厂——因为作为工厂一开始设置时的组成部分，是不能如此拆除出厂的——而是闲置在那里，并因为不使用而失灵、生锈等，甚至有可能完全被忽视，直到有一天，因为需要这个旧设备加工一些部件而重新派上用场。此时，旧机器虽然费力，但毕竟还是运转了起来，而且随着不断被使用，最后被证明其功能还是完好的，或者被证明需要做大规模的修复。任何时候，工厂一直保持记录的设备清单，都可以显示哪些设备一直在被连续使用、哪些设备被频繁使用并完全处于功能完好的状态等等，以及所有其他各种设备，由于年久失修等等各种不同的原因而处于可用或不可用的各种状态。综观该工厂的所有设备，有些设备部件因为长期不用而脱落，有些部件还从未完全建好，甚至有些部件到现在也还没派上用场，并因而一直 106
都停留在建厂初期就设计装配，但由于不急用而没有完工的状态。任何时候，所有设备中，只有一小部分在运转，其余的处于休息状态，直到有一天——换用更适合于描写人和动物的术语来说——由一些对它们起作用的刺激将它们从休息的状态中唤醒。

一个人拥有数量巨大的不同类型的行为的可能性。对于这个“行为的可能性”，理解它的最好的方式，无疑是把它当作一个神经机制，这个神经机制又会与其他神经机制、感觉器官及肌肉相连接，从而当被唤醒时就能引起相应的行为活动。现在，摆在我们面前的问题是，在某一给定的时间，是什么决定了在那很多可能的行为中究竟是哪一个行为实际表现出来了；换句话说，在这些可能的行为中，究竟是什么过程使得其中有些行为被激活，而另一些行为不受刺激而仍处于潜伏状态；或者说，使得某一驱力在某一特定时间作用于某些机制而不作用于另一些机制的，究竟是什么。这就是选择、管理及控制的问题。

在选择中，最基本的事实无疑就是各种连接关系，其中有些连接关系是天生的，而除此之外的其他的连接关系，则是通过先前的训练在行为活动与引发该行为活动的刺激物之间建立的。活动（actions）实际上就是反应（reactions），是或通过自然或通过训练而与一定的刺激物之间形成的联结；而且，除非刺激发生了，否则反应就不会发生，但反应不发生不意味着其机制不存在，而只意味着其机制仍处于休眠隐伏的状态。举例来说，逃跑的机制以其良好的功能状态存在于动物身上，但除非动物面临的情境中包含某种动物天生就害怕或是已经学会害怕它的什么东西，否则，逃跑机制就

107 不被激起。因此，选择动因（the selective agency）主要地应该在动物或人所面临的情境之中。

如果下面这些说法都是真的，那么，关于选择也就没什么好说的了：每一个刺激都只能与某一个反应发生连接，每一个反应都只能与某一单个的刺激发生连接，所有的刺激在每一个确定的时间只能出现其中一个刺激。但实际上，所有这些说法，其中没有一个是真实的。同一个刺激可能会与两个或更多的不同反应相连接，而同一个行为活动也可能会与两个或更多的刺激相连接。而且，呈现的情境通常都很复杂，其中包含很多能够作为不同反应的刺激的因素。在这种条件下，选择问题就是一个很现实的问题，也是一个很难进行全面回答的问题。

我们先回过头来再看看桑代克实验迷笼中的那只猫。实验情境其实是很复杂的：拘禁、外面的食物、栅栏、不同的空间，以及其他各种能被猫攻击的细节特征。猫也拥有大量不同的反应方式，可以用来应对这个情境。它连续而相继地做出不同的反应，首先是攻击笼子里的一个部分，然后是另一部分，或者，我们也可以用更加专业化的语言来说，它首先对情境中的一个特征做出反应，然后又对情境中的另一个特征做出反应。情境中的这些特征，其中某一个特征可能相对于其他特征更具有某种优越性，因而首先引来猫对它的反应。但是，如果对这个特征的反应没有带来猫想要达到的成就，那么它就失去这种优势，同时其他的某个特征就取而代之而构成刺激物，并引起下一个反应。从选择问题的角度来说，猫的行为显示出：（1）对同一情境的多种可能反应；（2）它的多种不同的反应，在每一个时间点只能发生其中一个，而不能同时发生；（3）某些特征有胜过其他特征的优势；（4）当在某一个攻击路线上失败而

归时，猫就开始对其他的某一特征加以反应，而这个特征在一开始 108
时是不引起它的反应的；（5）所有这些反应本质上都属于准备反应，这些准备反应指向的是逃脱和吃食物的完成反应，如果没有指向这种完成反应的驱力，所有这些特定的准备反应都不会被引起，但是仍可能发生其他的反应，如躺下和打呼噜等。由这个例子可见，简单的动物行为就为我们提供了一个相当完整的关于选择和控制的心理学概要。下面要做的，无非是把这五个要点的含义详细加以阐述，并指出它们对行为的不同层次的运用，其中包括人类的理智生活和道德生活。

反应的多种可能性

显然，针对同一个事物或情境，如果说行为主体不拥有两个或两个以上的可以对之加以反应的机制，那也就无所谓选择了。詹宁斯（Jennings）[①] 已经证明了最低级形式的动物的各种反应。通常，原生动物有两种形式的躲避反应：其中的一种不那么消耗能量，具体表现为简单收缩或蜷曲于一旁；另一种形式精力更充沛，也更有效，相当于逃跑。当面对某一给定的刺激时，这两种反应中，究竟哪一种反应实际上将被唤起，不仅取决于刺激物，也取决于动物的内部条件，而这种内部条件，在很大程度上却是反过来由此前刚刚发生的刺激所决定的。一个微弱但有几分危害的刺激首先引起微弱的躲避反应，但是，这种刺激如果经常以很短的时间间隔重复出现，就会累积起来而导致产生逃跑反应。一个无害刺激，尽管很像
有害刺激，起先很可能引起微弱的躲避反应，之后，经过多次重复， 109
没有反应，动物就适应了这种刺激。因此，动物具有三种可能反应：

① *Behavior of the Lower Organisms*，New York，1906.

微弱躲避、强烈躲避和休息。对于给定的刺激将会做出哪种反应，不单取决于刺激物，也要取决于动物本身的内部条件。所以，在决定将要做出哪种反应上，内部条件就扮演了选择动因的角色。

动物行为的其他例子也是如此。同一个第一次见到的陌生的物体，既可能引起好奇心，也可能引起恐惧感。事实上，你有时或许可以看到，有些动物在这二者之间几乎保持平衡：一会儿接近陌生的物体，一会儿又突然逃走，一会儿之后却又跑回来进一步探索。与此相类似，在搏斗和忍耐，或获取食物和作呕等等之间，也可能存在彼此相互平衡的关系。

一个陌生的情境总是包含一些需要关注和探索的不同的物体。一个人处在不熟悉的环境中，首先注意一个物体，然后是另一个，再到另一个，从而经历着各种感知类型的反应。在任何时候，都有大量的刺激通过眼睛、耳朵、皮肤等作用于我们。但是，在任一给定的时刻，这些刺激中只能有一个被注意到，其他的则不被注意到；或者也可能是，所有的外部刺激都不被注意到，个体正全神贯注于他自己的思考。

在思考或沉思中，一个观念通过我们所说的联想引出另一个观
110 念，第一个观念就成为引起作为反应的第二个观念的刺激。实际上，任何一个观念，通过过去经验的作用，都已经与许多其他的观念发生联结，并因而能够引出这许多观念中的任何一个观念。这是由称作“自由联想”（free association）的实验成功地提出来的。在这种实验中，实验者要求被试对将要听到的一个词做出反应：用与听到的词不同的另外一个词来对这个词加以反应，并将由听到这个词之后所想到的第一个词报告出来。如果给出的刺激词是“窗户”，那么很可能，一个人给出的反应是“窗格”，另一个人给出的反应

是“框架”，一个人给出的反应是“窗帘”，另一个人给出的反应是“房子”，一个人给出的反应是“视野”，另一个人给出的反应是“哥特式”，如此等等。其中，任何一个反应词，都因为刺激词的暗示作用而同样容易地被想到，但对于任何一个具体的个人来说，只有其中一个或很少几个词是立即被想到的。事实上，与其他的思维类型相比，在联想思维（associative thinking）中，不同的反应表现得更加明显。但是，在全部动物和人类的行为中，这样一个原则是普遍有效的：针对任何一个情境，都有可能产生不止一种的反应方式，而且，只有考虑到行为主体的内部条件，才能解释为什么是这一种反应方式而不是另一种反应方式实际发生了。

交替反应的互斥现象

虽然对某一个刺激或刺激的复合体，有可能产生的反应不止一个，但从原则上讲，在任一给定的时刻，实际发生的反应只能有一个。这一原则最不明朗的情况，就是上文提到的自由联想。在自由联想中，有时会出现这种情况，即不止一个反应词在同一时刻被想到；或者说是这样的情况，即不止一个反应词以极短的瞬间相隔，乃至于从内省上看几乎就是同时出现的。然而，即使在这种情况中，很显然，对个体来说完全可能的许多反应实际上在给定的时刻
并没有被引起。与此相反的原则，若是从物理类比的角度看，我们 111
或可以指望它是有效的。根据这个原则，所有与刺激词相连接的反应词都应该被激起，其中有些连接强一些，有些连接弱一些，依反应词与刺激词之间的连接的紧密程度的不同而不同。这个原则其实是根本无效的，但如此理解至少与这个原则最初被提出来时具有某种近似性。在原生动物中，在任何时候，或者是强烈的躲避反应，

或者是微弱的躲避反应，又或者是没有反应，总而言之，总有其中一个反应要被引起；在迷笼中的猫的例子中，出现了一系列的反应，一次出现一个；在恐惧感和好奇心之间平衡的动物的例子中，在任何的某一时刻，总有一种趋势胜过另外一种趋势，其中被胜过的那另外一种趋势则同时被抑制。

交替反应的互斥现象在反射动作中表现得非常明显。通过切断狗的脊髓，将狗的脊髓的后端与大脑的影响分开，这样，狗的后半身就成为一个纯粹的反射机器。这样的“脊髓动物”（spinal animal），在相对单纯、相对简单的条件下表现出反射活动，而不受大脑的干扰和支配。现在，如果轧其中一只后腿，那只腿就会收曲，而另一只腿会伸直，但是，如果同时轧两只腿，那么，不会两只腿都收曲，而是其中一只收曲，另一只伸直。换句话说，同时激起的两个复合反射中，实际上只有一个被唤起，另一个则被阻抑了。在这样的狗的身上，更加复杂一点的反射，是刺激其胁腹部时产生的抓挠反射。如果刺激右胁腹，右后腿就会抬起抓挠，而在抓挠过程
112 中左后腿就会伸展以支撑躯干。如果同时刺激两侧的胁腹，不可能左右两边同时执行抓挠运动，因为无论哪边的抓挠运动，都要求不在抓挠的那条腿进行伸展和支撑。我们说狗不可能左右两边同时抓挠；但是，从身体方面看，我们说它不可能，只是在以下意义上说的，即它的左右两边的抓挠运动不能同时被有效地加以执行，并且，我们或许会因此而设想，两侧胁腹同时接受刺激的结果，应该是某种性质的妥协，类似于力的平行四边形，每只腿让出一半的位置和运动。但实际上没有这样的妥协发生——这是动物机制的一种基本特性，实际发生的只是右腿或左腿抬起抓挠，而另一只腿伸展。然而，如果两侧的刺激一直持续着，那么，最先引起的反应比

如说右腿抬起抓挠，在坚持一段时间后，便突然让位给对侧比如说左腿抬起抓挠。换句话说，对同一情境的两种可能反应，每一次只有其中的一种反应得到执行，而另一种反应则被取消或抑制了。但是，如果刺激条件持续不变，就会发生一次转换，轮到刚才被抑制的反应出现，而这时，另一种反应就被抑制了。

彼此拮抗的反应之间交互抑制（reciprocal inhibition）的原理，是谢林顿[①]对反射动作知识做出的一项重要贡献。但这并不是他发现的唯一有效的原理。有时候，两种反射被同时激起，但那是它们在一起合作得十分和谐的时候，而且事实上联合起来形成了一个复合反射。这两个原理，即拮抗反应的交互抑制与和谐反应的联合，不仅在反射动作中能观察到，在心理活动中同样也能观察到。

与反射层次相去不远的一种情况，可以在对视野中不同物体的 113
眼睛运动中看到。视野中处于视觉焦点外围的物体，可以起着一个刺激物的作用，使得眼睛转到那个方向，通过这个动作，这个物体得以进入清晰的视觉。这经常发生在视野中有两个物体的时候，一个在左边，一个在右边，它们同时吸引眼球。如果眼睛遵循力的平行四边形规律，那它就会一直盯着吸引它的两个物体中间的某一点。然而，眼睛实际做的，是暂时忽视其中一个物体，至少是暂时地忽视，然后转向另一个物体。当它检查完一个物体之后，就轮到了起初被忽视的另一个物体。眼睛的这些运动，是探索反应的一种类型。而且，眼睛的这种运动所表现出来的规律，对于对复杂情境的探索，或者说对于对复杂情境的注意而言，都是普遍有效的。在所有那些同时倾向于吸引注意力的刺激中，在任何具体的时刻，只有其中一个刺激得到注意，而所有这些刺激的全部，则是一个一个

① 参见他的 *Integrative Action of the Nervous System*，New York，1906。

地相继得到注意的。当然，在注意的领域，另外的那个原理，即和谐反应的联合，确实也在起作用，因为只要两个物体被知觉为是一个统一的，虽然同时也是复合的物体的两个部分，那么，两个物体就可以被同时地加以注意。

这两个原理在双眼视觉（binocular vision）的情况中表现得更清晰。两只眼睛之间因为有少许的间隔，所以各自对任何处于不远处的固体物体获得不同的视觉，但是，我们在通常情况下并不是分别注意这两个视觉表象，而是将它们融合为一体，从而知觉到一个单一的物体，虽然这个物体在空间中的位置给了两只眼睛以两个视

114 觉表象。然而，如果影响两只眼睛的刺激物不属于这种能够联合起来，从而给出单一物体知觉的那种类型，那么交互抑制就会发生，或如这里把它叫作竞争（rivalry）的现象。我们可以做这样一个实验：将一块红色的玻璃透镜放在一只眼睛前，将一块绿色的玻璃透镜放在另一只眼睛前，并将双眼目光投向一面白色的墙壁。那么，根据影响我们眼睛的刺激物，我们应该看到这样一面墙，它在同一时间和同一地点既是红的也是绿的。但是，类似这样的联合，我们是不可能做得出来的。我们实际看到的，先是一面红色的墙，而绿色完全消失，过了一段时间之后，又看到一面绿色的墙，红色完全消失，如此交替进行。在此例中，我们的视觉器官的表现特征，与前例中左右两边同时受刺激而抓挠的脊髓动物的表现特征，是完全相同的。

同样情况的另一个令人印象深刻的例子，是由我们所说的“两可图”（ambiguous figures）提供的。所谓两可图，大多是很容易让人看到固体物体的图画，但是这些图画的绘制没有透视，并因而能够同等有效地代表两个不同固体物体中的任何一个。当你看这样

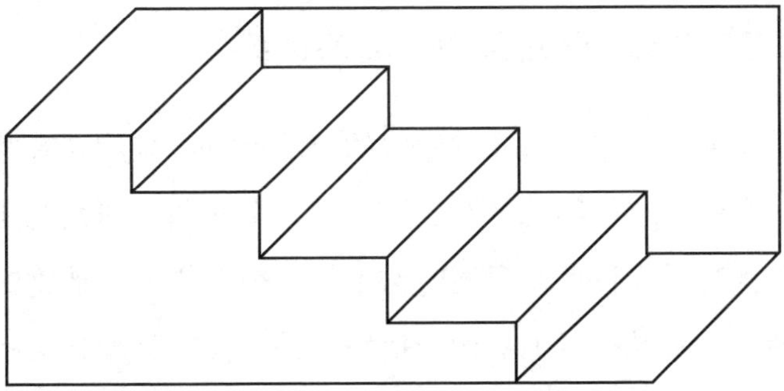

楼梯图

一幅图画时，你首先把它看成是其中一个固体物体，然后是另一个固体物体，二者交替出现，就像在双眼竞争中的情况一样。最简单的两可图可能就是点状图了，其中的点或可以是有规则的排列，或可以是无规则的排列。无论是有规则排列还是无规则排列，当你看这些点时，这些点就会自动归入某种模式，而这些模式又随时间的流逝而不断地变化。换句话说，你对同一个持续存在的情境做出了多种不同的知觉反应，但每一次只能做出一种反应。这些相互交替而又互相排斥的知觉情况目前都还是引起我们好奇的谜，但一般来说，它们是所有知觉活动的典型特征，因为观察者所面对的情境总是能够引起不同的知觉结果，而在任何的某一时刻，只有其中某一种知觉结果发生，虽然这些不同的知觉结果可以相继地逐个发生。 115

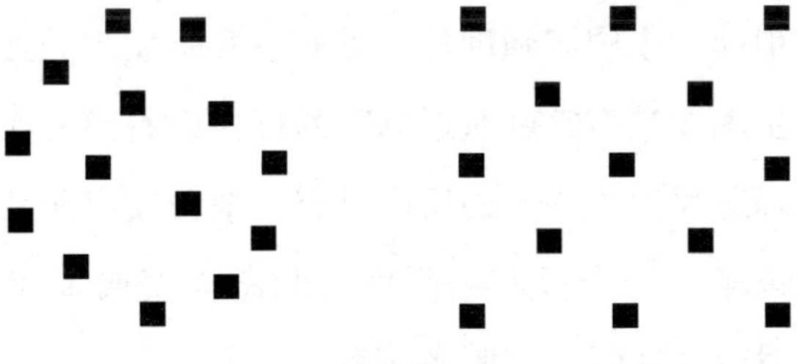

点状图

一种交替反应胜过其他反应的优势

各种交替反应中，首先被激起的那个反应，显然具有胜过其他反应的一定的优势，因此就会产生这样一个问题，即究竟是什么给
116 了它这种优势。当许多刺激同时作用于一个人或一个动物时，其中最强烈的刺激有胜过其他刺激的优势，并且很有可能是第一个被注意到，并对之做出反应的刺激。一个移动的物体有胜过静止物体的优势；一个突发的刺激有胜过已经持续一段时间没有变化或只有平缓变化的刺激；某些颜色有胜过其他不够“突出”的颜色的优势；某些物体，特别是对人类儿童来说人脸，有胜过其他物体的优势。所有这些优势，都是靠本性的力量而拥有的。

一种反应之所以拥有胜过其他反应的优势，其原因不仅在于刺激方面，也包括反应的方面。某些反应比其他反应更具有急迫性、必要性、强制性等，并拥有通过神经中枢的“先行权”。躲避反应，或者说是自我保护反应，拥有超过其他反应的优势，所以，一个令人痛苦的或是招致危险的物体，相对于同时出现的其他刺激而言，通常会优先得到反应。比如说，在夜深人静的夜晚，轻轻的沙沙声一定优先于明亮的或其他任何有趣的物体而首先得到我们的反应。节省的原则在这里也有所表现，正如一个刺激通常在能引起剧烈反应之前，先引起一个中等强度的反应的事实所显示的那样。这种情况可以在原生动物被有害刺激影响时的行为中看到：唤起的第一反应是微弱的躲避反应，强烈的反应只有在微弱反应无效的时候才会发生。通常说来，一个反应的强度与刺激强度或多或少是成正比的，所以，对于任何强度的刺激而言，一个在力度上与之相当的反应，就具有得以表现出来的优势。

一个刺激或反应，除了自然地拥有的胜过其他刺激或反应的上述这些优势外，还有其他因训练而产生的优势。当两个反应都已经通过学习而与同一刺激发生了连接的时候，其中一个反应可能比另一个反应与刺激连接得更加紧密。刺激与反应之间的连接关系的强度，会因为对这个关系的奋力练习、频繁练习、新近练习而加强。这些练习因素中的每一个因素，都与刺激与反应之间连接的强度有关，其中每一个因素所带来的加强效应的总和，决定了对同一个刺激的一个或另一个反应所具有的总优势，只要这一优势是由“练习律”（law of exercise）决定的。除此之外，还必须考虑到“效果律”（law of effect）。对于一个给定的刺激，假如两种可能反应中的一种反应在过去曾导致惩罚，那么，相比于未曾带来惩罚的那另一种反应而言，它就处于劣势。针对某一刺激而做出的反应——且不管这个反应在过去被如何频繁地做出过，如果因为导致了消极适应的结果现在已经不再做了，那么，相比于另一个没有在过去导致消极适应的刺激，这个刺激就处于劣势的地位。如果对某一情境中的某一刺激特征所做出的反应，其结果导致了抑制或失败，那么，这个刺激特征便被置于劣势的地位；如果针对某一特殊的刺激特征的反应带来了成功和满足，那么，这个反应就拥有了胜过其他任何可能反应的优势，虽然所有这些其他的可能反应，都能够被该行为情境所激起。所以，一个可能反应胜过另一个可能反应的优势，虽然就其实际表现而言取决于情境条件与反应之间连接关系的强度的当前状况，但综合地看，则是由个体的原始天性和他的过去历史以非常复杂的方式共同决定的。

117 *118*

优势从一种反应到另一种反应的转移

一个反应最初所具有的优势，可能会因为情境条件一直保持不变而很快地消失，由此就造成了这样一种现象，即不同的反应不断地产生出来。

这种情况的最简单例子，可以在经常提到的对持续的或频繁重复的刺激的消极适应中看到。一个噪声，在它刚开始出现时，可能会引起我们吃惊，也就是引起我们那种被称为反射开始（reflex start）的特殊形式的注意或探索反应。但是，如果这个噪声在一开始时引起我们吃惊后，立即就重复地出现，那么，它就不再引起我们这种吃惊的反应了，不久之后还会被完全地忽略掉。这个噪声，虽然在一开始时具有胜过其他刺激的优势，但很快就失去了这种优势。一个一出现就优先于视野中任何其他物体而吸引眼球的物体，不可能长久地吸引注意，除非它是一个复杂的或是移动的物体，能够引起许多不同的知觉反应。换句话说，一个简单而又不变的物体不能长久地吸引注意。我们会适应它，之后，其他的某些东西就会取而代之而轮流获得优势，并吸引着我们的注意。

这一事实在两个鲜明对比的视野之间的竞争中，或是在对一幅两可图的两种解释之间的拮抗中，表现得极为精确。在双眼视觉的竞争中，更加明亮或更加突出的那个颜色在开始时拥有优势，并把另外一个颜色排除到意识知觉之外。但是，后者不久就获得了优势
119 并排斥前者。在这个情况中，第一个反应逐渐变得疲劳，或者不如说，其中消极适应逐步形成从而对抗它。在两可图的情况中，练习律首先发挥作用，所以，那两可之图，就被知觉为在过去最经常地呈现为这个两可图的外观的那个物体。但是，在两可图的知觉中，同样也会产生疲劳或消极适应，因此，那最常见的解释就失去了优势，暂且让步于不那么常见的解释，这种解释只出现在疲劳或消极适应对常见解释起作用的时候。在这个例子中，用消极适应概念来

解释，可能比用疲劳概念来解释要更好一些。至少在有些情况下，将最初知觉到的对象排除出意识之外，这很难被解释为是疲劳的结果。比如说，在我适应了闹钟的声音之后，如果它突然停止，我会一下子“惊醒”，并预感发生了我不知道的什么事情。如果我只是对反复出现的噪声感到疲劳了，那么，这种情况就不会发生，因为疲劳意味着我的处理噪声的机制失去作用了——就像保险丝烧坏了。然后，刺激的作用就停止了，因而也就不会产生突发的反应，而只是给疲劳的机制一个逐渐恢复的机会。但是，对噪声的消极适应的概念，可以很合理地意味着以下情况：一定有某个机制在处理噪声刺激，它处理噪声的方式又不干涉其他那些更加有意识的过程，而只是随着其周期性的循环而有节奏地处理噪声。因而，一旦噪声停止，这个机制因为接收不到它“起而应付”（rising to meet）的刺激，就会给其他活跃的机制以震动，从而在它们的活动中产生一种突发的干扰。无论如何，对于优势从一个刺激转移到另一个刺 *120*
激、从一种反应转移到另一种反应的很多情况，疲劳或适应似乎是一种很好的解释。

关于优势从一种反应到另一种反应的转移的另一个重要原因，我们在上文有关学习问题的讨论中已经提到了。当第一的反应的结果是痛苦的或是被抑制了，那么，它至少会暂时地失去其优势，并让位于其他的反应。

驱力作为选择动因

当我们认真地考虑驱力作为选择的动因这最后一项时，我们将直指选择的最典型的特征。在这种情况中，抑制作用剥夺了一种反应趋势最初具有的优势，并将这一优势转移给另一种反应趋势。一个抑制，就意味着一种朝着特定方向的倾向性。举例来说，失败意味着一个目标没有达到。所以，当猫想从笼子的栅栏间钻出来却遇阻时，它便转向其他的攻击点。它之所以这么做，总的来说，就是因为它想逃出去。正是想逃出迷笼并获得放在迷笼外的食物的这个倾向——且不管这种倾向在猫的意识里会以何种形式而存在——控制了它对实验情境中的各种刺激特征的反应方式。没有这种倾向，它就不会像它在实验中实际表现的那样针对迷笼的不同部分采取不同的攻击行为，也不会不知疲倦地从一种反应转移到另一种反应，直到最后碰到某种反应而成功逃脱。这种逃脱的趋势实际上构成一个机制，并受到在笼内的拘禁和在笼外的食物作为刺激的唤起，从而表现为不同的反应行为。这个机制一旦被唤起，但又不能立即得
121 到满足时，它就成为猫在面对迷笼的不同结构部位时产生各种特定反应的机制的一种驱力。它构成一些特定反应的强化（reinforcement），一个接一个地对这些反应加以选择；同时它还构成对其他反应的抑制，例如，阻止猫在迷笼内任何它感觉舒适的地方躺下。总之，对反应而言，驱力构成一种选择动因、一种控制动因。

在前面提到过的另一个动物实验中，我们也看到了同样的情况。一只老鼠，在最初被放进一个陌生的迷津时，会以探索的方式对迷津情境进行反应。但是，一旦它找到食物，它的行为就很不相同了，它不再随意地探索，而是急切而匆忙地直奔食物。它已经有了食物作为驱力，正是这个驱力，既排除了其他那些如果不是因为这个驱力就应该优先得到执行的反应，又极大地增加了直奔食物的行为的力度。

驱力作为一种选择力量，在人类行为的每一个阶段都清晰可见，而且在对情境的观察和心理加工中表现得尤为明显。

当我们身处一个呈现出复杂面貌的情境中时，我们应该观察什么，这不仅取决于以下两类因素，即一方面是某一刺激物的强度、其出现的突然程度以及它的运动等等，另一方面是过去已经形成的注意习惯，而且更主要地还取决于当时占支配地位的兴趣。当前的兴趣构成一个驱力，正是这个驱力将情境中的某些事物选定为观察的对象。兴趣有时候表现为一个确定的问题形式，而这个问题所涉及的那些对象，虽然在此前曾上百次地被忽略过，现在却一下子进入我们的注意。举例来说，对于一个初学植物学的人来说，各种问题，不管是别人向他提出的问题，还是他自己想到的问题，使得他注意观察各种植物及其组成部分，而这些植物及其组成部分，虽然在他此前的全部生活中都一直出现在他面前，但却从未引起他的注意而被忽视了。在科学中，关于问题意识作为准确的观察的促进因素的重要性，早已得到充分认识。为了确保你所要的事实的可靠 122
性，你就必须早有准备，并努力地去寻找这些事实。观察要是没有准备，一般来说总是不可靠的。我们若要成为科学的观察者，那么，只是带有泛泛的观察意向走出去置身自然中，那是远远不够的；相反，我们必须首先在心中形成问题，然后带着这些问题去观察自然，才能获得对这些问题的解答。对一个事物的泛泛而谈的一般熟悉，就像我们在日常生活中对不同事物的熟悉那样，这不能使一个人具有作为关于那个事物的科学家的资格。一个人关于一个熟悉的事物所具有的知识，最后将证明不是关于这个事物的确切的知识。这是因为，他仅仅满足于对那个事物的浮于表面的非常粗略的观察，从此以后又认为他所观察到的就是“理所当然”的。所以，我们确定无疑地把问题称为一种驱力，它引起某些不能单靠外部物体引起的活动。它强化着某些物体的影响力，同时又顺便抑制其他物体的影响力，因为受某一问题驱使的观察，只是相对于获得那个问题的答案，同时忽视与那个问题的答案无关的其他因素而言，才是敏锐的。

其实，在上例中，与其说是问题构成了敏锐观察的驱力，不如说好奇心才是敏锐观察的驱力。当然，当我们这么说时，并不是指作为一般动机的好奇心，而是指对一些特定事物的好奇心。“好奇心”听起来更像是推动对一切事物之观察的一般动机。确实也存在着一种一般的探索倾向，正是这种倾向特别引导儿童去探寻新奇的事物。但是，就兴趣和问题而言，其本质在于其特殊的指向性。正是对特定种类的事物，以及关于这类事物的特定问题感兴趣的能
123 力，才能引起系统的和艰苦的观察。引导科学家从事他那伟大的观察活动的动力，并不是幕后的一些模糊的力量，而是与对事物的实际的感知和理解密切相关。也就是说，对某一类事物的兴趣，总是内在于处理那一类事物的机制之中，并为之所固有。所以，不是一般好奇心，而是对特定种类的事物的兴趣，提供了观察活动的驱力。

在心理活动中，选择的因素非常重要。关于更原始的思维活动，留待下一章中讨论，这里我们将考虑的，是那些平常的和顺畅进行的心理活动。习惯和先已形成的联想在这里很重要，并很容易让人联想到这样的结论，即这些形式的心理活动完全是对所呈现的情境的无意识反应，而不需要内在驱力和选择动因。然而，这是完全不正确的。举例来说，乘法表和加法表中的计算对训练有素者来说几乎是自动化的。但是问题在于，任何两个数字，如 5 和 8，都与它们的总和和它们的乘积有关联。这是交替反应的情况，问题是计算者如何做到运用正确的关联来完成手边的工作。设想在你面前

有按加法或按乘法的例子中的形式排列的几组一位数，假如你对自己说，“把这些数相加”，那么你会发现，一看到这些数字就立即想到了它们的和。但是，如果你对自己说“把这些相乘”，相同的数字则会使人想起它们的积。显然，相加或相乘的意向在接入一组关联的同时也断开另一组关联。在这种情况下，选择动因通常被称作 124
“心理定势”（mental set）或是适应。计算者的算术机制可以比喻为一个可以调节的机器，可以被设定为几种算法操作中的任何一种。当一种调节经过训练变得很熟练时，它本身就几乎是自动化的了，因而无需太多意识的参与，但它的工作却是有效的。心理定势，或者说是执行特定操作或解决特定问题的意向，乃是一种驱力，它通过加强特定的关联连接并抑制其他的关联连接，从而施加选择影响。

在阅读中，读者已经领会了的上下文就构成一种选择动因，它决定着具有若干不同的常见意思的某一个单词在这个上下文中应该暗示出哪一个意思，而且，它还做得相当完美，以至于读者在阅读到这个单词时只能想到这个词的正确的意思。假设有这么一个单词，共有六种常见的意思。若孤立地看这个单词，那么，它所暗示出来的，既可以是其中的这个意思，也可以是其中的另一个意思，依过去的练习等因素所决定的每一个意义联想的相对强度而定。但是，若在上下文中看这个单词，那么，无须求助于每一个意义联想的相对强度，它就能使人联想起一个特定的意思（即这个单词在这个上下文中所蕴含的那个意思）。当然，这种情况需要一个前提，即这个单词的六个意义联想都足够牢固而容易被想起。在这里，决定性的因素不是联想的过去历史，而是当前的上下文背景。这种意义上的选择因素，没有比在读小说或看戏剧中更明显的了。在阅读或看戏的过程中，读者或观众心里逐渐成形的故事情节的背景，对于阅读中的单词或表演中的动作给出正确的解释。若没有上下文或背景，这些单词或动作就可能会有很多不同的意思而导致读者或观
125 众难以确定。对故事情节作为整体的理解，构成了阅读或看戏的驱力。正是这个驱力，不仅在读者或观众身上引导出相对于这些单词或动作单独出现而言的更大的兴趣和更多的心理活动，而且也选择着读者或观众对这些单词或动作的意义联想反应。由此，我们可以看出，驱力在这里具有两种作用：对活动的一般刺激；对那实际活跃起来的特定活动的选择。

在运动行为（motor behavior）及一般而言的生活活动中，驱力的这两种作用都有明显的表现。在某一项运动活动中，某种类似于“上下文”的东西，从活动的巨大的库存中选择适合于活动情境的行为活动。比如说，一个球员可以对传向他的球做几乎无数可能的事情，但是，除非他“昏了头”，他只会做出一件适合于整个运动情境要求他做的事情。在日常生活中，礼仪意味着同样性质的对行为活动的控制，即只能做那些被认为是相关的生活情境要求做的事情。对某一事态的理解意味着某一特定的“心理框架”（frame of mind），这个框架喜欢将特定的行为活动执行起来，同时又排除另外一些行为活动。无疑，选择的因素在广泛的生活活动中也起着作用，其作用的方式，与它在相对狭隘的活动比如说计算活动中起作用的方式，几乎是相同的，虽然它在前一类活动中起作用的效果，不如在后一类活动中起作用的效果那么明确可辨。

回顾以上关于选择因素的讨论，读者自然会产生这样一个印象，即以上讨论主要是针对选择及其作用方式的，而关于究竟是什么在进行选择，则几乎没有讨论。那么，选择动因究竟是什么呢？

实际上，上文全部讨论的要点在于说明，并不存在一个专门进行选择的动因，没有任何一个选择因素是专门进行选择的。一个指向某一完成反应的趋势，就起到了选择动因的作用，但它同时也是一个指向某种确定的结果的趋势。一个兴趣就起到了选择动因的作用， 126
但它同时也是对某一个或某一类特定事物的兴趣。一个问题就起到了选择动因的作用，但是，任何一个问题总有它自己特殊的内容。一个上下文背景起到了选择动因的作用，但这个上下文背景意味着一个具体的故事情节，这个故事情节本身又有其特殊的特征。选择动因有很多，其中每一个动因都是一个趋势或兴趣。选择性是任何一个趋势或兴趣都具有的特征，而不是某个抽象的、与特殊趋势并存的一般动因所具有的特征。这个回顾的总结，无非是对上文讨论内容的概要的复述，目的就是想说明，每一个驱力同时也是一个机制，而每一个机制也完全可以是一个驱力。

当然，这个学说并不像它表面看起来那样似乎意味着，人格仅仅是各种不同趋势的单纯的聚集，而没有任何组织，不受任何控制。在个体的生命中，有些趋势和兴趣要比其他的趋势和兴趣更加强烈，一个完好地整合的人格围绕其主导动机（master motives）而被组织起来，而这些主导动机在与其他动机或趋势的关系中起着选择动因的作用。很少有如此彻底地完整的人格，以至于通常从属的趋势不能哪怕是偶尔脱离控制，暂时以自己的方式选择适合自己的事物，并与通常的主导动机相对立。当这种情况发生时，悔恨和失败感就会接踵而至，同时伴生一种保卫主导动机的努力，以免将来与主导动机相对立的其他动机再次脱离主导动机而独立行事。或许可以说，永远也没有通向人格之彻底整合的皇家大道。但是，我们却可以从以下事实中汲取智慧：主导动机绝不单纯是抽象的选择

127 动因和控制动因，而是一些拥有确定内容的兴趣。因此，要强化某一动机，就需要对这个动机所指向的那个事物变得更加感兴趣。举个例子：要控制好那经常妨碍家庭生活的容易激怒的趋势，最好的建议就是变得对事件的另一面感兴趣，从对方的角度来看一看那有可能引起争执的事情。当你尝试这样做的时候，你可能会经历一定的内心抵抗。当我们尝试采取别人的观点的时候，我们在内心往往伴生一种卑微感和人格解体（de-personalization）的感觉。这些感觉缘起于这样一个事实，即一个人的人格很大程度上是在与其他人的对立关系中被塑造成型的。我们“感谢上帝，把我们塑造得不是其他族人那样”。然而，对另一个人的兴趣发生兴趣，某种意义上就意味着一个人自己人格的拓展，同时也意味着获得了那些适合于在一个群体的生活中充当选择动因的主导动机。

第六章 独创性因素

如果动力心理学将它的关注点局限于本能的过程和习惯的过 128
程，甚至也适当地强调选择因素，那么，它就超不出平常的行为和心理活动的范围，并因而引起这样的疑惑，即这样一种心理学似乎太过于片面化了。毫无疑问，如果我们真要理解人类心理的工作原理，我们就必须理解那些确实有智慧的人的工作方式，如莎士比亚、牛顿、贝多芬、拿破仑等等，他们都属于人类活动的不同领域中的原创天才。发明、发现、艺术创作、独立的思考和行动等等，这些都被认为是智力的特殊标志。因此，我们就必须努力地去理解它们。

天才的伟大成就，只能间接地从远处加以检验，因为伟大的创造性活动不可能直接摆在心理学家的眼前供他观察。即使一个天才人物转而成为一个心理学家，他也将发现很难抓住他那创造性的伟大时刻，因为在那样的时刻，他被他的思想的脉动带向远方，不可能停下来对他的思想的脉动进行心理学的观察。真正天才的活动，同样也是很难进行内省的。所以，我们至多只能从高度入迷的投入来想象创造性的思维，这个高度入迷的投入状态似乎就是真正创造性的活动的典型特征。牛顿将他自己的手表，而不是别人给他带来

129 的鸡蛋放入锅中蒸煮准备做午餐，高斯连续很多个小时一头扎进他的数学演算之中，乃至于有关家人的悲痛消息也不能吸引他的注意——且不管这些说法是否在事实上是真的——都可以被看作高度原创性的思想状态的典型特征。原创性思想状态的另一个典型特征，经常在作家和作曲家的创作活动中被证实，那就是在他们创作作品的某些特殊的时间，其创作的惊人速度。他们的创作活动可能要花费很长时间才能开始，但是一旦开始了，其作品就行云流水般快速生成。伟大天才们另一个值得注意的特点是其成果的数量：几乎所有真正伟大的画家，或是作曲家、小说家、科学发现者、技术发明者等等，都创作了数量惊人的作品。他们的如此的勤勉，正指明了在他们内心存在的强大的驱力。

另一件值得注意的事情是，每一个天才都有他自己特殊的创作领域。其中有些人在两个相关的领域中都表现出创造性，如绘画和雕塑，甚至是军事和政治、物理学和数学等等。有些时候，一个在某一领域中拥有创造性的天才，还在另外一个完全无关的领域中做出有趣的虽然未必真正重要的贡献来，如歌德的颜色理论、恺撒关于语法的作品等等。有史以来的伟人们，都是因一种或者至多两种相关类型的成就而闻名，这一点真的非常值得注意。这个事实可能意味着天赋的专业化。或许我们应该相信，天赋真的在一定程度上是专业分化的。或许，莎士比亚永远也写不出培根的作品，培根也永远写不出莎士比亚的作品，因为他们的天赋存在于不同的方向上。然而，独创性天才经常在不止一个领域内表现出独创性，而他
130 没能在不止一个领域有高水平的成果，主要是因为缺乏时间。一名初学者可能在态度上有独创性，但在成就上却未必有独创性。一个人在能够为一门科学或艺术做出重要贡献之前，必须先占有该领域

已经存在的材料。这一点可以很容易从任何一门科学或艺术的历史中得到说明。伟大的艺术家从来不是偶然地出现的。从艺术的历史如希腊戏剧史、哥特式建筑史、现代音乐史等等之中，我们可以看到这样一个发展的过程，即从开端时的粗糙、简单，到程度越来越高的复杂性、丰富性、精致性的发展，其中每一个创造性的艺术家都将自己的工作奠基于他的直接前辈的作品之上，直到最后似乎达到了一个限度，于是兴趣便开始转向该门艺术的某一新的风格或形式之上。在科学和发明中，这种情况甚至更加明显：不管一个人的心灵如何具有原创性，他也必须以他的前辈积累下来的成就为基础，才能有所创造。

在伟大天才的传记中凸显出来的另一个事实是，他们的独创性的高峰都出现在他们生命的早期年龄段。亚历山大在他 33 岁时完成了其惊人的伟业。恺撒在经历了一段作为政治家的成功生涯之后，在相对少见的 40 岁这样高的年龄时另辟蹊径成为一名军事天才。拿破仑在 27 岁时成为法国军队的首领，而且，他的一生中最成功的战役都是在随后 10 年内完成的。牛顿在 30 岁时出版了他最具独创性的作品之一《光与颜色的新理论》。赫尔姆霍茨最伟大的作品在他 35 岁时出版。贝多芬在他 34 岁时创作了《第三交响曲》，36 岁时创作了《第五交响曲》。莎士比亚在大概 27 岁时开始创作剧本，30 岁时完成了《罗密欧与朱丽叶》，35 岁时完成了《尤里乌 131
斯·恺撒》，37 岁时完成了《哈姆雷特》，并在 40 岁时完成了他几乎所有的作品。达尔文的伟大想法在他大约 25 岁时就已经在他的脑海中成型，虽然他此后花费了 20 年的时间将这个想法发展成理论并公开发表。在他们伟大思想的早期阶段，这些例子并不是例外。我们倾向于认为伟大的人都是上了年纪的人，因为他们的画像大多是在他们的名声确立之后塑造的。但是，他们最具独创性时的画像应该显示他们为年轻人，他们的年龄成熟到足以吸收前辈的成果，但还没有成熟到显老乃至于失去青年的热情和灵活性。

在远观天才们的过程中，如果说还有什么其他值得注意的事实，那可能就是每一个天才在其特定领域内的非凡敏锐的感知能力。牛顿发现万有引力——不管那个苹果落地的传说是否曾真的发生过——根本上在于他对月球围绕地球的运动中的一个因素，即下落这个因素的敏锐感知。一方面，月球看起来并不是在向地球下落，因为它总是与地球保持相同的距离。另一方面，它的运动惯性应该使它按照直线的方向向前运动，而它的运动从这个直线方向发生的朝向地球方向的偏离则是一种下落，并被牛顿正确地认识为下落的一种特殊情况。所有的独创性的发现，大概都能与此相似地被解说为是敏锐的感知活动。如果你带着这样一个目的去重读恺撒的《恺撒战记》，即试图通过阅读获得对恺撒的天才的洞察，那么，你定会被书中频繁使用的“恺撒注意到了”这个或那个的叙述所触动——确实，他
132 所注意到的，都是有关情境中的关键因素，从而使他能够掌控局面。根据拿破仑自己的说法，他习惯于在没有制订计划之前就投入战斗，因为他相信，战事发生的过程会呈现某种战局，而这个战局，他能够立即知觉得到并被他利用，从而获得胜利。一个画家或一个诗人的优点就在于，或至少可以说通常都在于，他对于形式或颜色，或是某一情境的感伤特质和戏剧性的敏锐的观察力。

有很多人试图从不同的方面去发现天才的根本的标志性特征，例如叔本华从“艰苦努力的无限能力”及与自我追求相对立的“完全的客观性”出发，歌德从“对真理的热爱”出发，威廉·詹姆斯

从“以异常的方式进行感知的能力”出发，等等。他们的这些努力似乎假定了一个前提，即天才具有某种普遍性的特征。然而，他们关于天才的普遍性假设却是错误的。所谓天才就在于或至少是在于：感知和处理某一特定种类事物的非常高级的先天能力，而这些事物的种类应该与个人天赋所包含的特定爱好不属于同一类。天才人物对这类事物的自发的兴趣、他对这类事物的快速而透彻的理解、他对这类事物的熟练的处理、他对这类事物的专心致志的投入乃至于完全忽视生活中更常见的那些兴趣、他处理这类事物的非凡的毅力和勤勉，以及他因此而获得的多产的成果等等，所有这一切都是在表达同一个特质，只是其说法不同而已。对一个事物的持续关注意味着从中发现了什么，对一个事物的兴趣意味着理解它的能力，对一个事物的掌握意味着对它的理解，专心致志的投入意味着兴趣、意味着正在取得进展，见于天才人物的那种类型的勤勉意味着对一个事物本身的兴趣、意味着对一个事物的理解和掌握。天才人物的勤勉，其背后的驱力，并不是如饥饿、性欲、竞争等这一类的驱力——虽然这一类驱力或许也为他的勤勉提供了诱因；相反，这种驱力应该在他的创造活动本身中寻找。简而言之，所谓天才就是这样的个人，他对现实世界的某些特定的方面特别地适应、特别地敏感。与现实世界的这些方面的接触，唤起了他的敏感的反应活动。他对这些方面的反应是完全自然的，就像狮子一看到猎物就扑向它一样地自然。换句话说，在这里，我们关于天才的讨论，无非是前面在有关先天能力的讨论中所坚持的那个原则的一个清晰的具体实例而已。这个原则就是：感知的趋势不需要外在于它们自身的某种驱力，每一个感知的趋势自己构成了自己的驱力，就像本能的猎捕趋势自己构成自己的驱力一样。儿童对各种事物感兴趣，主要不是因为这些事物的实用价值，比如说把这些事物作为获得某种外在目的的手段，而在于这些事物本身。儿童总是充满好奇、喜欢游戏。他对一个事物感兴趣是因为他对该事物有所反应。天才在处理某些种类的事物方面，在他的内心亦具有类似儿童的这种能力，并达到了不同寻常的程度，因而能够以与常人相比长久得多的时间保持着对这类事物的好奇心和游戏式的探索性。正如人们常说的那样，天才们的创造活动，尽管费力艰辛，但他们的活动，与其说是在工作，还不如说是在游戏。这个说法意味着，他们的创造活动是由这种活动自身的内在兴趣推进的，而不是由来自这种活动之外的某种驱力推进的。

关于天才和他们的伟大的独创性，就说这么多。现在，我们转向普通人，甚至是转向动物，并探问，在他们的行为中，独创性因素是否也存在并起着作用。回顾前面关于学习过程的考察，我们发现，任何动物，但凡能学习的，都不缺乏独创性，因为学习过程产
134 生新的机制，产生那种既不是由天性提供的，也不是由先前的学习经验提供的全新的机制。所以，在学习一种新的反应时，其中就包含独创性因素，通过这个学习过程，学习主体也就获得了一些新的东西。习得反应的新颖性，可以表现为一个旧的反应活动与一个新的刺激之间建立起连接关系，这里所谓新的刺激，是指在学习之前不能引起这种反应活动的那些刺激。因此，甚至是条件反射和消极适应，其中也含有独创性因素。习得反应的新颖性，也可以表现为多个反应活动联合成一个新的复合活动，如我们前面特别在打字和发电报等运动技能的习得中所看到的那样。最后，习得反应的新颖性还可以表现为对某一情境中的某些特征的某种特殊的反应敏感性。这些情境特征在学习之前是不能单独引起反应的，而必须相互

联合构成复合刺激才能引起反应。在这些情况中，独创性表现为分析的形式，与在前面讨论的情况中独创性表现为综合的形式相对应。

这里讨论的这些情况中揭示出来的独创性，具有一定的限度。在这里，独创性虽然构成对天生能力的补充并带来新的东西，但它不是绝对超出天性的，因为很显然，正是天性提供了建立新反应的可能性。天生能力是由天性现成地提供的，而习得能力则是以学习能力的形式提供的。再者，独创性也不可能引导我们绝对地超出实际呈现给我们的世界的范围。我们通过学习而获得的，乃是对世界的新的适应性调整，是对现实世界的某些特殊方面的知觉能力，是以某种特定的方式操作现实世界的能力。我们知道，甚至像发电机、电话机等等这些由人生产创造出来的机械产品，它们也要利用自然的材料和力量。而且，尽管有其人为性，它们毕竟是自然的存在物，它们的活动毕竟是自然的过程。与此相一致，人类生产创造这些机械产品的那种发明活动，也是一种自然的过程，是对自然世界的一种适应性调整。你所拥有的执行某一技能性活动的能力，可以追溯到你学习这种活动的时候，而你对这一活动的学习，可以很 135
恰当地被认为就是你所拥有的这种能力的起源。但是，这个起源却不是绝对的起源，因为，一方面，它是你的自然趋势和能力的演变，另一方面，它也是对环境条件的一种反应。简言之，它是你与环境之间的一种交互作用，并给予你的天性以一种对外在自然的新的适应性调整。在这个意义上说，甚至天才的独创性也不是绝对的。

如果说学习是完全被动性的或接受性的过程，如通常被人们认为的那样，那么，虽然新奇的事物仍然会在个人的经验中出现，但是，他却很少能关注他自己在引起这些新奇事物的过程中的作用，乃至于我们也就几乎不能说在他的学习中有什么独创性的因素。然而，事实是，学习乃是一个反应的过程，而且，在学习中所学会的东西，乃是学习者自己产生出来的反应。这在运动活动的学习中表现得尤为明显，因为我们所学习的活动并不是从外部接受过来的，并不是从外部强加给我们自己的，而是在面对作用于我们的刺激时以做出这种活动的方式来回应刺激，并通过做出这种活动而学会这种活动的。相比之下，在对事实的感知和学习中，学习者的积极作用不那么明显。实际上，正是对这种情况的考虑，以及对运动活动的学习的排斥，才导致哲学家们将学习设想为一个纯粹接受性的被动过程。但事实上，知觉同样也是一种反应活动，就像运动活动是反应活动一样。这在上一章提到的有关两可图的情况中可以清晰地看到，其中，两个相互交替的知觉结果，是由同一个刺激引起的。两可图以一种特别惊人的形式将知觉反应的这种多变性表现出来了，但是，对任何一个不是完全熟悉或不是完全清晰的对象的知
136 觉，都会表现出这同样的多变反应的现象。而且，注意力从一个复杂呈现的情境中的一个特征向另一个特征上转移，也是多变反应的一例。因此，知觉完全可以被称为反应。而且，在任何时候，当一个新的知觉结果形成、一个新的观念获得时，独创性便进入其中，就像当一个新的运动活动添加到我们的天生能力之上时独创性也就随之进入其中一样。思想观念不是老师传达给我们的现成的东西，而是我们必须自己去形成的反应模式。牛顿作为原创性的天才，在没有外来帮助的条件下独立地领会到月球的公转是朝向地球的一种下落。随后，他向他同时代人指出了情境中的引发他以这种方式进行知觉的那些因素。他的同时代人由此受到指引也以同样的方式来

知觉月球的公转。这就像一个人在船上看到了远处的一片船帆并指给他的同行旅伴看，而他的同行旅伴因为受到帮助也能自己看到那片船帆。独创性因素在发现者的表现中占有更大的成分，但在一定程度上，它也存在于所有那些能够——或者哪怕是在接受外界帮助的条件下能够——打破既定的反应模式，并采用新的反应模式的人当中。

普通人按部就班地执行他的日常工作，很少能显示出独创性。由于周围环绕的事物绝大多数都是早已熟悉的，所以他以一成不变的旧有的方式来感知它们，或像他习惯的那样干脆忽视它们。他以他已经学会了的常规行为去满足对他的常规要求。即使他面对的事物有几分新颖，他也会把它们当作熟悉的那种类型的事物，而对它们的新奇之处毫无反应；即使因为某种原因而导致他要面对的情境是新的，他也会尽最大努力以旧有的反应方式度过。对他而言，生 137
活是由惯性引导着的，而且，随着他逐渐变得相当好地适应了环境之后，惯性也就能够引导他的生活顺利地进行。然而，即使是对于这样一个人而言，仍然有一些独创性的余烬潜伏在他身上，时机成熟时便能够死灰复燃。如果我们要问，有利于唤醒独创性因素的条件是什么，那我们在如下格言中就能找到一个广为接受的答案："需要乃是发明之母。"广义上讲，"发明"包括所有形式的独创性行为。这个格言的要义在于，按部就班的工作程式是没有任何阻力的，只有在需要的刺激下才有可能偏离这个程式。为了回复到为我们所偏爱的那惯常的表达模式，需要就构成了独创性活动的驱力。这个格言可以被当作动力心理学的定律之一，以下就从这个角度来检验一下这个格言。

任何格言都只具有部分的真理性，所以我们不应该期望从一个格言中找到全部真理。这里的情况也是一样。需要一定不能太极端、太严格，这是因为，如果需要太极端、太严格，那就只能采用按部就班的旧的程式化反应，而不允许自由发挥。在极端严格的需要之下，一个人宁可回归本能也不愿进行发明。通常说来，发明都要求有一定程度的闲暇、一定程度的免于直接危险的自由。

使发明得以诞生的需要，通常也不是纯粹外在的需要。或许我们应该说，在任何情况下都不存在纯粹外在的需要。因为，对于任何一个人而言，除非他拥有生活下去的意愿，除非他在自己生命的内部拥有各种不同的需要和趋势，否则，外在的要求和剥夺对他来说也就都是无关的了。能够驱动一个人去行动的，主要是他自身的需要或趋势。而需要中涉及的外在因素，则表现为内在趋势追求实
138 现的过程中的障碍因素。无论对于一个人而言还是对于一只动物而言，只有当指向于某个完成反应的驱力已被唤醒，但通向这个完成反应的进路又被阻断时——当然这里必须对探索反应和尝试与错误的过程留有余地，实现独创性行为的条件才会出现。

正如前面已经指出过的那样，独创性的行为尤其需要有它的驱力，因为独创性的行为与按部就班的程式化行为是恰恰相反的。而为独创性行为提供驱力的趋势，在一些作者看来，必须由人类和动物共有的某种强烈的原始本能来提供。在他们的观点中，危险、作为节省型需要（economic need）的饥饿、竞争以及性冲动等等，最常被认定为这种原始的动机力量，其中的任何一个当然都可以给趋势提供驱力。然而，如此限定这种可能性是没有理由的。给趋势提供驱力的动机力量，可以是个人经验中添加到原始本能力量之上而形成的任何动机力量之一。而且，正如天才向我们显示的那样，这种动机力量也可以是对于对象的兴趣。高斯如此专注于他的数学发

现以至于忘了饥饿，又对朋友的请求置若罔闻，对此，我们不可能相信他是被饥饿、竞争或性欲冲动等驱动而如此的，或者说，他不可能是因为受到除了对他正在做的事情的兴趣之外的任何东西所驱使而如此的。普通人以卑微的方式投入劳动，也是同样的道理。这一点已经受到充分的支持。驱力可以是任何导致行为活动的趋势，这个趋势，一旦被激起但又不能立刻得到满足，那么，它就会持续处于觉醒的状态以为其他机制提供动力。任何遭受阻碍的驱力，都可能会引起独创性的活动。

因此，引起独创性活动的条件，就包括一个指向某种结果的被
唤醒的趋势和这个趋势所遇到的阻碍。如果我们知道了克服障碍的 139
活动形式和在活动中显示的独创性因素，那么，我们就应该对相对卑微的、简单的独创性活动用实验加以检验——因为只有这样相对简单的活动可以接受实验的控制，而复杂的创造性行为，如前所述，只能远距离地加以间接的检验——并希望经受如此检验的结论，同样可以适用于更高级的独创性的表现。之所以应该这么做，是因为卑微的例子和高贵的例子，就其过程的形式而言，很可能是一样的，其不同之处在于运用的领域，而不是活动的形式。

这样的实验已经做过不止一次了。实验以解决问题的形式进行设计，其中，需要解决的问题应该足够困难，从而形成真实的问题，但问题又不能太难，乃至于问题的解决需要太长的时间。实验问题的选择取决于以下两个方面，即一方面是对问题解决之成功的客观测量的渴望，另一方面是对成功解决问题之过程的值得信赖的内省。问题最好是那种需要一些直接的运动活动才能解决的问题，因为这样的问题与那种需要单纯的观念活动才能解决的问题相比，无论是对过程的内省还是对成功的客观测量，都相

对较容易。当然，针对后一类问题设计的实验也得到了相同的结论。

鲁格（Ruger）[①] 的实验选择机械迷宫（mechanical puzzles）作为问题来解决。将一个对被试来说很陌生的迷宫放在他手里，同时提供给他关于如何解决迷宫问题的指导语，但不再有其他的任何帮助，除了可以向他保证说迷宫一定是有解的。在这个实验中，人类被试面临的问题情境与迷笼中的动物所面临的情境是相类似的。
140 只是为人类被试设计的迷宫更加困难而已，从而与人类相对于动物而言的更高级的能力相匹配。实验证明，在很多例子中，人类被试的反应都与动物的反应惊人地相似。他立即进行操作，这样或那样转动迷宫，检查迷宫的这个部分或那个部分，遵循检查过的部分给出的提示。当第一反应最终遇到盲端而受阻时，被试就会转而追踪另外一条路径。由此，被试经历了从一个尝试到另一个尝试，并同样展示了动物在实验中所展示的多变反应和尝试与错误的原则。在这一系列尝试的过程中，迷宫问题迟早会得到解决，而解决方案通常都出人意料、令被试感到惊讶，他甚至根本就没搞明白自己到底是如何从迷宫中出来的。第二次试验时，他的行为很可能同第一次试验时几乎一样。但是，随着实验的进行，就像在动物实验中一样，经过一系列的试验，无用的反应倾向于被逐渐消除，而带来成功的运动则被保留，其结果就是正确的反应越来越快速地得到执行。

实验的实施通常都含有较此更多的智力过程。被试在第一次偶然解决问题之后，至少会留意他成功地走出迷宫时处于什么位置，并将随后的努力限制于这个位置，从而极大地缩短了后续尝试的时间。当他通过尝试发现一些看似有希望的线索最终被证明

① *The Psychology of Efficiency*，1910.

会导向盲路时，他也会因为这个发现而满足，并有意地将这些线索消除。他可能对整个迷宫的机制获得了不同程度的洞察。确实，在有些情况下，被试对迷宫的工作原理获得了相当透彻的了解，并因而达到对问题及其解决方法一个清晰的概观。他对迷宫的实验模式了解得越多，就越能够利用他的经验来处理随后参加的、具有部分相同原理的其他迷宫。他参与实验的程序越是盲目 141
的和经验主义的，之后他就越有可能遇到各种意想不到的困难。而且，虽然他已明显掌握了迷宫问题，但每次参加一个新的迷宫实验，他都不得不从头开始。

偶尔也会碰到这样的被试，他很少借助于运动活动来解决问题，而是更多地倾向于通过看透迷宫的奥秘来解决它，并倾向于运用源自过去经验的已知原理。尽管这种解决问题的模式有其优越性，但通常情况下不太适用于快速的进程，不如那些通过借助于运动操作解决问题的程序。在这种类型的迷宫实验中，为了快速达到问题的解决，最好的程序是借助于运动活动的操作，同时注意留意各种线索和原理。绝大多数情况下，被试对迷宫情境的掌握会有确切的进展，如有关解决问题的速度突然加快的客观证据所显示的那样，而且，从内省的角度说，这种确切的进展，总是伴有对迷宫的原理或工作方式的新的洞察。

在这种实验情境中，被试几乎总是立即形成关于问题性质的某种试探性的概观理解，也就是形成关于这个迷宫的某种假定，并以此假定为基础进行实验操作。比如说，被试第一眼看到一个迷宫，他立即就以其直觉为基础形成假定，这个迷宫应该可以通过这样那样的办法加以解决，并将他的实验操作完全局限于这个假定的范围内，而不会想到他的初步假定范围以外的其他可能性。在这样的被

试完成实验的过程中，很多有趣的事情会发生。比如说，因为他的假定是一个错误的假定，所以，即使摆脱困难的方法非常明显，他
142 也会对这些方法视而不见，好像他根本就看不到这些方法似的。在这种情况下，假如实验者提示被试说，他可以先形成一个假定，然后再自问，除了这个假定以外，还可能形成其他哪些假定，那么，来自实验者的这个提示，有时就能消除被试的这种盲目性，被试也因而能够在长时间无效努力之后快速找到解决方案。然而，在某些情况下，被试莫名其妙地顽固坚持自己的假定，即使这些假定只会反复不断地导致失败，他也拒绝改变他的假定。显然，这种顽固和缺乏灵活性是独创性的对立面。它会导致被试陷入陈规，只遵循一开始形成的习惯，封闭思维，拒绝进一步的洞察。尽管这种顽固一开始似乎是不可理解的，尽管结果失败了，但它显然可以给被试以一定的安慰，这种安慰无疑就是熟悉事物的舒适和习惯的安逸和顺当。这正如老年人通常都不喜欢新方法一样：即使他们认识到新方法相对于旧方法的优越性，他们依然不喜欢新方法，因为旧方法简易舒适，冒险采用超出旧方法之外的任何新方法，都会带来不舒服和不安全的感觉。顽固性以与此相类似的方式存在于被试身上，而且在一定程度上也存在于所有人身上，只是在某些人身上比在其他人身上更加明显而已。这些实验表明，独创性行为的条件之一，在于我们愿意放弃现存的观念，愿意对那些尚未试探过的更多的可能性进行冒险性的探索。

当然，我们不可能给出这样的一些规律，似乎任何一个人，只要遵循这些规律，就一定会表现出创新性。但是，这些实验确也暗示了一些指导性的原理，这些原理对于提高独创性因素的作用效力
143 而言应该是有帮助的。其中之一就是上文刚刚指出的那个原理：努

力对那些还没有想到的可能性保持开放的心态。要达到这样的开放心态，有时可以采用如下策略，即首先明确一个人赖以行动的那些假定具体是什么，然后再询问除了这些假定之外是否还有其他的可能性存在。独创性必然要求，对问题的任何一个反应，都不应该在尚未成熟时过早地变成习惯。

与此相对应的另一个原理，是要对你已经形成的假定逐个地加以检验，并在确认之前将其中无效的假定明确地排除掉，从而限定具体操作的范围。如果说有些人是因为缺乏灵活性而失败，那么，应该说也有另外一些人，他们又太过于灵活，对所有的线索和暗示都完全开放，却也只取得很少的进展，那是因为他们没有坚持将其中任何一条线索追踪到底。换句话说，坚持（persistence）这个因素，既可能表现过度而成为顽固（stubbornness），也可能表现不足而成为缺乏控制力（lack of control）。

对已经被发现的规律或事实加以扩展而形成的一般化（generalization）和精确的公式化（precise formulation），在这些实验中也有所体现，特别是在从一个迷宫问题到另一个迷宫问题的过渡中表现得更明显。一个一般化和公式化的观察，可以适用于超出这个观察最初得以形成的范围以外的更广大的领域，而其他的观察结果则可能只局限于它们的范围之内。

因此，总的来说，独创性活动所经历的过程，有多变反应和尝试与错误的形式，其中带有一定程度的控制和一般化。这个过程也可以这样来说：个体面临一个问题情境，他努力地对这一情境做出反应，但反应却遭遇阻碍。这个阻碍刺激他进行探索，并尝试各种不同的努力以逃脱阻碍。由于问题情境很复杂，因此就有很多攻击点，其中被看到了的很多特征，就引起或激发了行为主体依据过去 144

的经验对它们做出反应。困难在于找到正确的特征加以反应，换句话说，困难就在于以正确的方式感知问题情境，从而使我们已有的能力得到成功的运用。一个人，如果他的过去经验特别地赋予了他适合于解决这类问题情境的反应方式，如果他拥有很好的灵活性并结合应有的坚持和控制力，如果他天生对这类问题情境有很敏感的反应性，那么，他在解决这类问题情境时就会表现出最大的独创性。

另一个稍有不同的实验，也可以用来阐明独创性问题。如前面在有关学习过程的讨论中已经指出的那样，在打字技能的学习中，布克发现，在学习者掌握了对单个字母的反应之后的一段时间内，他开始对经常重现的单词或字母组合做出综合反应。他是在无意中偶然发现这一新的、更有效的反应模式的，似乎没有预先考虑练习这种综合反应。确实，事情的经过是这样的：他是在头脑清醒、身体状况良好时练习打字，并充满希望地尽最大努力提高自己的打字速度时，突然间发现并掌握这种综合反应模式的。随后，他就发现自己是通过一连串紧密联系在一起的、作为整体的手指运动，把一个单词作为一个独立单位来写，而不是像以前那样逐个字母地拼出单词。在这里，最具关键意义的活动步骤，似乎就在于一次领会几个字母及其顺序和相互关系的心理掌握的拓展。比如说某一个单词，第一个字母用左手写，第二个字母用右手写，第三个字母又用左手写。在字母-反应阶段，被试还
145 没有注意到两手之间的这种交替。但现在，他的理解范围拓展了，通过两手的交替作为一个协调活动的有机组成部分，他一次性领会作为整体的三个字母。的确，在很多情况下，独创性就在于对事物之间的关系的感知或反应，而在此之前，事物是在不考虑它们之间

关系的前提下被感知的。

当我们从这些运动表现转向观念性的思维和推理时，我们或许会想，观念性的思维和推理作为活动，应该是与运动活动完全不同的另外一种活动形式。特别是尝试与错误，通常都被认为是一种只适合于动物的低级的反应，而与人类的理性的思维形成鲜明对照。比如说，由三段论及其大前提、小前提、结论所体现的推理过程，似乎确实表现为一个一直向前的直线运动，与尝试与错误的试探性探索过程很不相同。然而，现在已公认，形式三段论（formal syllogism）绝不是一个关于真实心理过程的心理学画面（psychological picture）。它是一个可以应用于完整的推理活动过程的检验，以侦测其中可能的错误。如果推理过程是无矛盾地首尾一致的，那么，它就应该可以表达为三段论的形式或是其他确定的形式。但是，推理的实际发生的过程，并不具有三段论的那种有序的形式。推理不是从大前提开始的，而是从问题开始的。在实际发生的推理中，前提不是给定的，而是需要去寻找的。寻找前提的过程就是一个试探性的尝试与错误的过程。虽然在这里或许可以说，这个尝试与错误的过程是发生在观念的领域内，而不是发生在运动的领域内。

这一点可以很容易地通过几何学教学中所谓“原点”问题的解决方法而得到证明。的确，几何学课本中的常规命题，都是以三段论的形式写下来的，有着从已知到未知的有序过程。但是，可以肯定地说，同样的这些命题，并不是起源于这一秩序井然的形式。这 146
可以通过观察一个“原点”问题如何被解决的过程来证明，或至少是很有可能得到证明的。一个人不可能以有序的方式直线式地向前推进——如果他可以这样推进的话，那么，在他的推进中起作用的，就不是独创性而是习惯了。一个人是从问题出发，然后对问题进行广泛探索的，就像迷宫中的老鼠和笼子里的猫一样，因为看到问题情境中的这个特征或那个特征，于是对这些特征做出这个反应或那个反应，直到最后得到一个好的线索，发现问题的关键因素，从而回想起恰当的前提——确实，正是在经过这个尝试与错误的过程之后，一个人得以将他的推理重新整理为三段论的形式，并以此对其正确性进行把关。因此，推理其实是从未知进展到所知。毫无疑问，推理若是从已知出发，当然会很简单，但对于这样的推理而言，问题是，它要往哪里进展呢。我们若进行推理，就需要有一个目标。推理的目标乃是未知之物，这个未知之物在推理的过程中首先出现，并引起这个推理过程，而且它当然是作为目标而首先出现的。推理首先是指向未知的一种趋势，其次是找到某种已知之物作为趋向未知的推理的出发点。那未知的、陌生的、令人困惑的问题情境，必须通过某种方法使它生出某种已知的东西，并以此为基础通过推理而达到对作为目标的未知之物的掌握。

一个好的思想者应具备的素质包括以下几个方面。第一，他过去的经验应该使他具备处理现在呈现的材料的能力。换句话说，他应该具备可应用于手边问题的知识。第二，他应该对所面临的问题或情境的特征有敏锐的观察，在选择或发现重要特征方面有一定的
147 “远见”[①]。这一特质使有效的思想者区别于可能学识渊博，但长时间无效地在无关紧要的东西上费力的人。第三，他应该具备我们可称为灵活性的心灵品质，和改变因循守旧的习惯并看到起初没给他留下什么印象的东西的能力。第四，他需要有控制力，以确保当那些令人眼花缭乱的线索诱惑他时，他的思想不至于游移不定，而是

① 参见詹姆斯的《心理学原理》中有关“推理”的那一章。

坚定不移地集中于手头正在解决的问题，同时不失上面第三点提到的注意的灵活性。这些素质中，最能接受经验的影响、通过努力和训练不断得到完善的，显然是第一项，而其中唯一属于天赋的，可能就是远见因素。能找到线索是优点，能够放弃一条线索而找到其他线索则更胜一筹。但是，在任何既定领域中，具有集中于正确线索的“侦探本能”（detective instinct），则是在那个领域内真正具有独创性思维天赋的人的标志。

引发推理活动的条件——当某一趋势已经被唤起而要表现为活动时遭遇的障碍因素——同时也引起另一个重要现象。障碍的存在为被阻断的趋势内含的能量提供了一个出口。将这个能量发泄于障碍物看来是本能活动，实际上应该说是所有的行为活动的一个基本特征。一个动物开始活动却受到某种约束，那它会拼命反抗这个约束力。一个小孩要哭的时候，你用手捂住他的嘴会使他哭得更大声。道路上坡或负荷增加，马会拉得更用力——这当然也有一定的限度。这种趋势可以在成人中进行实验来证明。一 148
个动作，它的肌肉力量大约与所遇到的阻力成正比，如果阻力突然增加，肌肉能量就会反射性地增加来克服这种阻力。即使是那种并非明确地表现为肌肉运动的活动，也是如此。[①] 实验中，被试会振作他自己，以克服所面临的任务中的某一分心物或是某一困难。而且，在有困难的情况下比一切都“一帆风顺”时，被试能做得更好。即使当遇到的阻力不直接属于物理性质的力量，因而肌肉力量无法克服它时，遭遇阻力的一个几乎具有普遍性的结果，是运动张力和活动的增强。当一个人在打字时，分心的事物会引起他更用力地敲击键盘、更大声地说出词语。初学者在遇到

---

① Morgan, *The Overcoming of Distraction and Other Resistances*, 1916.

其他那些由于对工作不熟悉而带来的困难时，也是如此。这种灌注到运动通道中的能量，揭示了脑内作为遭遇困难之结果而发生的能量的宣泄出口。

作为这些条件的结果，也可能会出现一些不愉悦，特别是愤怒的迹象。如被试的脸涨得通红、他的声音带有苛责的味道等；他可能会发出一些表达苦恼的感叹词。我们如果查看他的内省报告，就会发现，他在心中确实有过不愉悦、苦恼等体验，也有克服障碍达到理想结果的决心。如阿赫所描述的那样，他很可能会是以这样的方式来表达他自己："纵有困难，我也定能做得好。"[1] 被试此时的
149 心理状态是狂热的，甚至是猛烈的；而且，他的内部身体状况，很可能与坎农所已经证明的在愤怒时存在的身体状况相类似。[2] 愤怒、狂热、决心、意愿等情绪是紧密连接在一起，甚至在某些方面是完全相同的。它们当然是由同一个刺激，即在追求某一结果时遇到的障碍引起的。

推理、意愿和愤怒，它们竟然都是由同一类型的条件引起的，这颇有趣味。意愿和愤怒的确是有几分相似的不同状态，虽然意愿同样可能是强烈的，但与愤怒比较而言要相对平静。愤怒和推理不大可能同时被引起，但在推理时，一定程度的意志努力却与之相伴而起。因意志的努力而来的愤怒或意愿的趋势，是要通过正面的进攻以克服障碍，而推理的趋势则是要探索通向理想目标的其他路径。强烈的意愿不屈服于任何对手，它表现为高贵的特质。例如，阿基里斯就是比诡计多端的尤利西斯更伟大的英雄，尽管更经常占领城市的人是尤利西斯。然而，在二者之间并不存在完全的对立，

---

① 参见 Ach，*Über das Willensakt und das Temperament*，1910。
② 参见以上 pp. 52-55。

因为需要一定量的意志力量来推动推理的进程。

推理就是新机制的开发，而意愿则是新动力的发展。关于意愿，最重要的问题在于：这种新鲜的动机力量从何而来？对某一趋势的阻碍，如何能增强这个趋势的驱力？显然，对外部驱力的产生而言，有多种不同的方式。在最简单的情况中，并没有新的趋势被唤起，只有已经活跃的趋势被障碍更完全地唤起。例如，躲避本能 150 或自我保护本能，会因为危险的出现而被唤起。但是，如果逃跑不受阻碍，那么，这种本能就只是适度地被唤起；要是逃跑反应遭遇障碍而被阻断，那么，恐惧的冲动就会被更完全地唤醒，以便为逃跑的运动提供更大的能量。

稍微复杂一点的情况是，当基本趋势在开启了一系列活动，使它们运转起来之后，它自己却部分地休寂下来，因为一旦这种活动——指向某一完成反应的诸准备反应——运转起来，对这些活动的兴趣就足以推进这些活动的执行了。所以，这些活动以它们的兴趣为它们自身提供了驱力。但是，假定现在出现了一个障碍，那么，基本趋势会再次被唤醒，并为正在执行的活动提供它固有的驱力。举个例子来说，假定我出发去乘坐一趟火车，我当然会预留充足的时间。在这个过程中，虽然赶火车这一基本动机足够清醒以保证我走在去火车站的路上，但我走向火车站的步伐，却一会儿由我走路的习惯决定，一会儿由我对走路的兴趣决定，一会儿由我沿途看到的东西决定。但是，假定在任何一个方面出现了障碍，那么，赶火车这一基本趋势就会重新被完全唤醒，因为我在这时想起，我必须要赶上火车。

更加复杂的情况是，与活动直到遭遇障碍之前的过程无关的其他动机，却在活动遭遇障碍时被唤起，并将自身的力量补加到已在运行的动机的力量上去。继续援引前面的例子来说，也许我出发去火车站并没有什么更深一层的动机，只是我每天都坐火车去上班而已。但是，当有障碍出现，使我有可能赶不上火车时，我可能突然
151 想起，今天不一样啊，今天我有一个重要的活动要参加，我如果不能赶上火车，就会错过这个活动。这一附加的动机为我赶火车的努力，额外添加了更多的力量。或者，在这种情况下，我的自尊心受到了触动，因为错过火车会很丢脸。又或者，我关于我自己的理想，即我是一个值得信赖、不会爽约的人的理想，可能会因此而觉醒。我人格中一些最深层的力量，可能因此而卷入这样的活动之中。这种活动，就其起初的动机而言是相当表面化的，因而与我人格中这些深层的力量无关。

到目前为止所说的障碍，相对于个体来说都属于外在的障碍。但这还不是障碍的全部，事实上，一些最严重的意志问题起因于内在阻碍，起因于两种趋势之间的冲突。如果两种趋势势均力敌，那么，只要两种趋势一直持续存在，冲突就会令人烦恼。而且，这样的冲突一般都将以一种不能令人满意的方式结束，即其中一种趋势获得优势，但另一种趋势不是完全平息下来，而是继续存在着，并不时地打破这种均衡。有些时候，这种冲突可以通过一个理性的过程来解决。这一理性的过程能在对立的两种趋势间产生一种协调，并有可能通过引入一个包容两个趋势的活动而同时满足二者。还有些时候，一个趋势从属于另一个趋势，或者它因为得到这样一个承诺而暂时地平息下来，即等另一个趋势满足之后，就轮到它获得满足了。举例来说，一个早起有困难的人，可以通过承诺自己吃过早饭后再回到床上睡一会而成功起床——当然，他可能起床之后完全清醒了，也就忘记了这个承诺。但有时候一个趋势拒绝被阻止、从

属或调和，它必须要么获胜，要么被抑制。即使是这样的冲突，有时也得到解决，不调和的两个趋势中的一个被迫屈服于另一个。这 152
种解决只有在下列情况下才有可能实现，即通过相互冲突的两个趋势之外的某个驱力的介入，而这个趋势将它自己的力量加到其中的这一个趋势或那一个趋势之中。因此，在生活中，长期的计划或是个人的理想可能被引入冲突中来，并对其中暂时强力坚持的某个不明智或不值得的趋势加以检验和阻止。

意志自由现在是一个被普遍归入哲学的话题。就其意味着没有原因、没有条件这一层意义来说，自由对动力心理学当然是一个不相宜的概念，因为动力心理学的目标是寻找原因。或许，我们可以在类似于说推理是一个独创性活动的意义上，说意志是自由的。在意志自由中也有障碍要被克服，就像在推理中有障碍要被克服一样。在这两种情况中，都需要挖掘内在的能量资源，而且，在克服外在障碍时，个体表现出他的独立性，同样，在解决内部冲突中，个体也表现出更高级或更具包容性的自我的独立性。正是这种更高级或更具包容性的自我的独立性，对那些与自我结合不够紧密的趋势加以检验和排斥。正如推理以一种新的方式运用内部资源，意志以一种新的方式把握个体的内部驱力。正如推理的独创性是有限的，因为它既不能超出个体内在能力的范围，也不能超出现实世界的范围，同样，意志的自由似乎也受到个体天性中固有力量的限制，恰如其有效性要受到个体作为其一部分的自然的一般力量的限制一样。

第七章
异常行为的驱力和机制

153 在第一章中，我们追溯了心理学的现代化运动的历史进程。在追溯这个历史进程时，我们曾提到，有关异常心理状况（abnormal mental conditions）的研究兴趣，是促成心理学走向现代化这一总趋势的思想潮流之一，并在这个过程中做出了独特的重要贡献。现代心理学的发展趋势，就是要摆脱对心理事件的思辨性的考察，同时接受其他科学的引导，以观察到的和记录下来的事实为基础，从而形成科学的结论。异常心理状况为我们提供了大量可以观察的事实，而要开展任何有效的心理治疗，就需要对这些事实进行解释，这是推动心理学走向科学的力量之一。当大量这样的事实最初开始呈现在心理学家面前时，心理学家们倾向于拒绝这些事实，认为这些事实不属于作为他们的专业领域的心理学。他们主张，心理学所要关注的，乃是心灵的正常的运作原理，而且，心理学最好还是与异常的或变态的心理活动明确划清界限，以免被那些必然是极度令人困惑的现象所扰乱，也避免这样一种情况，即为了把变态的心理现象纳入自己的视域内，结果却导致无论是对正常心理活动还是对异常心理现象都不能获得清晰的洞察。但是，面对着因内科医生对异常心理越来越深入的研究而累积的数量巨大的资料，心理学家们对待异常心理现象的这种排斥态度，就很难再坚持下去了。

对各种心理失常（mental disorders）现象的基本兴趣，出于想 154 要改善患者状况的实践的愿望，因此，这一领域里的观察，是由医学中专门投身于有关神经的和心理的疾病（nervous and mental diseases）的那一部分人完成的。在早期阶段，情况确实是这样的，到了今天，基本上也还是这样，但我们发现，有一定数量的自称为心理学家的人，也开始介入对异常心理状况的直接研究的工作中来。总体上看，病理心理学的发展，一直都相当地独立于普通心理学，而且也很少利用普通心理学。精神病学家已经采用了普通心理学的一些术语，并努力地以心理学名义对异常心理状况进行分类，但他们作为一个整体，却出人意料地仍然不了解通常意义上的心理学家们关于正常心理现象正在进行的研究。或者换一句话说也许更加公平一些：他们在正常心理学的课本里很少能找到合他们意的东西，所以，他们绕道而行，以自己的方式着手做自己的事情。从他们那边来看，那些自称是心理学家的人，通常感到自己对心理病理学（psychopathology）毫无了解。关于心理异常者所积累起来的大量事实，他们是知道的。但是，对于这些事实，他们自己又没有直接的、足够的知识。所以，如果他们想要对这些事实进行系统化的整理，那也是没有保障的。同时，对于内科医生从关于异常心理状态的心理学（the psychology of abnormal conditions）的角度形成的概括和理论，他们又持有怀疑的态度。无疑，是时候让心理学研究的这两条路线更完整地相互接触、互相融合了。目前的困难在于，双方都需要花时间对对方所掌握的材料做第一手的了解——对于心 155 理学家来说，他要花时间对精神不健康的和患神经症的个体做认真的研究，而对于精神病学家来说，他要花时间对心理学实验室内完成的工作做认真的研究。同时，心理学家不能一直心理病理学家所提供的事实漠不关心，其中有很多事实有助于理解正常的心理生活。特别是，在精神病学家提供的事实中，很多事实与驱力或动机力量有着重要的关系，而这些驱力或动机力量在所有的心理生活中都发挥着作用，不管是对正常的心理生活而言还是对异常的心理生活而言。迄今为止，实验心理学对机制的研究要比对驱力的研究多得多，而心理病理学最重要的发现都是关于驱力的，而不是关于机制的。所以，二者应该互为补充才是。

目前研究的心理异常（mental abnormality），大致可分为四种类型。最简单的情况是心理缺陷（mental defect），而最复杂的情况可能要算精神错乱（insanity）。除了这两种情况以外，还有被称为神经症（neuroses）的状态，以及被称为“日常生活的心理病理学”（psychopathology of every-day life）的状态，所谓日常生活的心理病理学，意指在正常人身上出现的轻微的异常。

在心理缺陷中，恰如这个名称所暗示的那样，所谓异常，就在于某一种特殊的心理功能几乎完全缺失，或者说是某一心理功能完全缺失却不影响其他的心理功能。所缺失的心理功能，是属于智力性质的，或至少是以智力缺失的方式表现出来的。根据智力缺损（deficiency of intelligence）的程度，心理缺陷者可以分为白痴（idiot）、低能者（imbecile）或是童样痴呆患者（moron），其中，最后一类人，其智力并不比那些或可以称为弱智（low normal）的人的智力低出很多。童样痴呆或是心智迟钝（feeble-minded）类型的人，他们作为分散的个体，其能力的差异连续过渡，直至不可察觉

地与正常人群中占比最多的、相对更加愚笨的那一类人连成一体， 156
就像正常人中天赋略显不足的人群连续过渡到数量更多的具有平均智力的人群，进而又连续过渡到人数占比较小的具有优越天赋的少数人群一样。确实，对整体人群的上述分组，都是人为的，任何分组之间都没有确切的界限。心理缺陷者与正常人的智力差异，只是在量的方面，而不在质的方面。然而，从实践的目的出发，还是必须划出一条界线的，而划界的方案必须参照这样一个区分，即把那些能够独立生活的人，与那些仅靠自己不能在社会环境中生存，因而既为了他们自己的利益也为了整个社会的利益需要对他们进行监护的人，相互区分开来。在这里要考虑社会，是因为心理缺陷是产生贫困、犯罪和卖淫、工业事故、疾病传播以及其他形式的人类苦难的一个重要因素。之所以这么说，又是因为心理缺陷在很大程度上是遗传的结果，而心理缺陷者又更倾向于生育得更多，并因而在总体出生率呈下降趋势的现时代，作为逐代累积的结果，倾向于增加总人口中心智迟钝者的人口比例，进而增加犯罪和苦难的数量。基于这些原因，显而易见的是，社会就该义不容辞地为所有的心理缺陷者提供公共服务机构和监护，既达到尽可能让他们生活得幸福的目的，又达到这样一个目的，即阻止他们因为无能、因为生育增加他们的人口比重等等方式而危害社会的趋势。

心理缺陷的心理学（the psychology of mental defect）似乎是相当简单的，虽然关于它无疑还有很多东西有待发现。从驱力和机
制的角度来说，心智迟钝的人在这两方面都有欠缺。大家也许还记 157
得，在前面，我们一直坚持说，驱力和机制二者并无根本的区别，相反，驱力本身也是一种机制，一旦被唤起，它就会以活动的形式持续一段时间，并且能够进而唤起其他的机制。心智迟钝的人在机

制方面是有缺陷的，因为他不能像正常人那样学会不同的机制。所以，相对于他的年龄而言，他的心理储备是不足的，而且，随着年龄的增长，他的心理储备会显得越来越不足。就其心理储备而言，他还停留在儿童的水平上，或者，如果情况稍好一点的话，他的心理储备则依缺陷的程度而处在儿童时期的不同水平上。所以，当他面对任何任务时，不管他的动机多么强烈，也不管他的动机是来自外部环境还是来自他自己内部，正因为他缺乏执行这个任务的那些机制，他都不可能在这个任务上取得多大进展。不仅如此，他同样也缺乏动机的力量。事实上，他尤其缺乏诸如生活计划、社会兴趣或家庭兴趣等，而这些因素作为驱力在正常人的生活中无疑是极度重要的。由于缺乏这种内部驱力，他很容易受狡猾的人的引导而误入歧途，并在很大程度上是一个只活在当下的生物。

其他类型的心理异常就不是如此简单、如此好理解了。这些类型的心理异常与正常的心理生活相比而言的差异，乃是性质上的，而不是数量上的。它们是变态（distortions），而不仅仅是心理缺陷。比如说，有这么一个人，他相信自己就是亚历山大大帝，又把他的敌人作为对立面组合到一起，从而使他不能接受自己在生活中的真实地位。毫无疑问，这样的妄想意味着，在这个人的心理结构的某处存在着弱点。但是，这样的弱点还不能单独解释为什么这种妄想采取了一定的形式。关于这种妄想，有一些积极的因素，这种积极因素取决于患者的活动的积极方面，而不仅取决于他不活动的
158 消极方面。当我们试图在患者生活史中追溯这种妄想的发展时，我们很可能会发现，他一直是一个性格很独特的人，他自命不凡而又怀疑别人，怎么说都不是一个“会交际的人”。他无法与他人相处，这是他的心理结构中存在某种弱点的第一个迹象。他的社会知觉很

差；他不能容易而正确地理解他人的行为。他会通过下面这种对别人行为的解释方式来自我取悦，即认为别人的行为都是自相矛盾的，却反倒支持着他的自命清高的观点。比如说，他以为别人轻视他，那是因为他们不愿意承认他的那些胜过他们的优秀品质。因此，他为自己树立了一种关于所处社会环境的错误概念，并且越来越脱离真实的社会环境。从他的自我封闭的怀疑和误解出发，他逐渐形成了一个对别人和社会的怀疑和错误理解的心理组织体系。别人的最不经意的行为，都会被他理解为是针对他的严重的敌意态度的体现。在餐馆里，坐相邻桌子的陌生人的咳嗽，都可能引起他的愤怒质问："你怎么敢对我咳嗽？我得换个桌子，免受此等侮辱。"如果一个熟人提出一个很小的批评，那显然是不友好的行为；如果他表现得很合人意，那也只不过是想转移怀疑、隐藏自己的不友好而已。这种怀疑体系，是以一种自大狂式的过分自负为核心而被组织起来的。其中还含有对自己的能力和重要性的极度夸大，但却依然没有关于其身份的任何妄想感。现在，假定那个人无意中听到有人提到亚历山大大帝的名字。与他的心理组织体系相一致，他会倾
向于相信，那人说的那话一定跟他有关；又与他关于他自己的重要 159
性的感觉相一致，他很容易会陷入这样的猜想，即别人提到亚历山大，实际上是在说他或者是在长相上，或者是在能力上，或者是在其他的什么方面与亚历山大大帝很像。在他反复回味这句重要的话的过程中，这样一个念头突然闪过他的脑海，即他就是亚历山大大帝，而这一浮夸的念头又如此地满足了他、如此地澄清了他的全部怀疑，乃至于他竟把这个念头当真了，此后就忽略一切证明这个念头不真实的信息，而沉湎于任何使这个念头看似真实的信息。最后，他现在终于明白了自己为什么被轻视被迫害。他是这样的大人

物，他的伙伴多多少少也清楚这一点，而他们当然不愿意把自己提升得比他们高出很多，所以试图压制他。按照这一新的理解回想他过去生活中的事件，他发现有上千件事指向这一伟大的事实，并围绕他是伟人的这一妄想组织了他的整个社会经历。他可能还没准备好将这个妄想付诸行动或公开表达，在少数情况下，他可能一连好几年将这个妄想隐藏起来，但最终，他的行为会受此影响以至于被认为是精神病的表现。这就是那种被称为“偏执狂”（paranoia）的精神病，是一种相当不常见的类型，尽管类似的、很少完全实现的妄想在其他形式的精神病中也经常存在。

如果我们尝试以动力心理学的术语重述偏执狂患者的行为，那么，我们首先会看到，妄想一旦完全形成，就成了一个人习得能力
160 的一部分。他是通过一个很长的学习过程而获得这个妄想的。一旦形成，它就起着一种驱力的作用，促进这样的一些行为和知觉的发生，这些行为和知觉，如果不是因为这个妄想，它们的发生即使是可能的，也不一定会发生；同时又抑制其他一些行为和知觉，这些行为和知觉，如果不是因为这个妄想，就应该会发生。这个妄想还在解释他人行为方面构成一个永恒的偏见。但无论如何，一定有某种驱力激起了妄想赖以获得的那个过程。这种驱力毫无疑问就是对社会认可的需求（demand for social recognition），而这种对社会认可的需求就它本身来说，在某种程度上又可以追溯到自我肯定和控制的本能。我们由此想得出这样一个结论，即患者正是因为对社会认可的需求比其他人更迫切，所以才产生了妄想。但是，这一结论却忽视了偏执狂患者的全部特质中的能力弱这一因素。这样的患者从一开始就表现出在理解他人和适应他人方面的能力的欠缺。这种欠缺产生了诸多障碍，致使他对社会认可的需求不能得到满足，而

怀疑、过度的自负以及迫害妄想、自大妄想等等，都正是为了尝试克服这些阻碍才产生的。实际上，获得妄想的过程不是别的什么，就是我们早已熟悉的尝试与错误的学习过程。偏执狂患者在他走向偏执狂的初期，遭遇到一种令他受挫的情境，就像迷笼中的猫一样。他有着对我们一般而言的社会认可的需求，却受到各种障碍物的阻挠而不能达到他的目的。这些障碍物原本存在于他自身，但他自己却不这么认为。因此，他自然要进行各种探索反应，其中的一种，就是将别人对他的漠视解释为是他们对他自己的优越性的嫉妒。只要进行这样的解释，那么，别人漠视他的各种行为，就成了
一种特殊形式的对他的认可。因此，他对社会认可的需求也就在一 161
定程度上得到了满足。如果他由此进一步产生自大妄想，那么，他对社会认可的需求就会在更大程度上得到满足。对于这样的人来说，再没有什么比确信他自己是一个百年难遇的伟大人物能更好地满足他的自负了。既如此确信，他便认为，一些不怀好意的人暂时地阻止了他取得在现实世界中的合法地位。但即使如此，他毫无疑问也将注定要摆脱这阴谋之网，并使得世界不得不承认他的伟大。因此，偏执狂患者通过妄想而逃脱了他的迷笼，而他这样的逃脱方式，虽然是不真实的，却能如此地使他感到满足，乃至于他在此终止了进一步的尝试与错误的过程，并将这种妄想保持为他对社会环境的一种固定形式的反应。

在妄想中所发生的这些过程，同样也发生在各种其他类型的异常行为中。我们不得不怀疑，在异常行为的每一种情况中，在异常的反应方式得以发展的背后，都存在着某种驱力。从根本上讲，这种驱力应该是一种对所有的人起作用的正常驱力。我们也不得不怀疑，在通往这个驱力所指向的目标的道路上，存在着某种阻塞了这

条道路的障碍，而这种障碍，是内在于患者自身、源自于其能力的欠缺的。对于这样一个患者来说，由于他置身于一种令人困惑的情境中，他就需要采用一个尝试与错误的过程以解决这个困境，但因为其自身能力的欠缺，他又不能找到一个解决这个问题的真正合适的方法，于是就采用了产生虚幻成功的替代方法，从而满足其驱力，并使其驱力的张力得以释放。

除了这一复杂的尝试与错误的过程以外，还存在一些导致异常行为的更加简单的过程。有些异常行为的产生是属于条件反射类型的，如麦肯齐（MacKensie）对一个花粉病患者所进行的实验清楚
162 地证明了的那样。[①] 虽然花粉病是因为玫瑰的化学成分的影响而产生的，但当患者突然看到纸做的玫瑰时，却会立即表现出典型的发作症状。很显然，对这个患者而言，看到玫瑰总是与玫瑰的化学影响联结在一起，玫瑰从而获得了引发他的症状反应的力量。这种经由条件反射而形成的异常行为的一般类型，包括很多具体的情况。另一个相当简单的类型是习惯性神经症（habit neurosis）。所谓习惯性神经症是指这样一种情况，即由于某种原因，异常的反应方式发生多次，从而获得了作为一种习惯的力量。一个习惯就是一种驱力，就像我们在下面的情况中可以看到的那样，即当我们想做某一习惯性的行为反应，但却受到阻止而不能真的把它做出来时，我们就会经历紧张和不安。执行某一习惯性的行为活动能带来满足感；或至少可以说，放弃执行这个行为活动会带来不满足和不安。关于这一点，我们可以在诸如戒除吸烟这样的习惯的情形中看到。对于一个吸烟的人而言，或许他对烟的需要并不强烈，但对吸的习惯性动作却有很强烈的需要。所以，当他的吸的动作受阻而不能表现出

① 转引自 Morton Prince，*Journal of Abnormal Psychology*，1908，Ⅲ，270。

来时，他便会有一种焦躁不安的感觉。这种现象在不同类型的神经症中也时有发生。当然，一个充分发展的顽固的神经症，要远比一个条件反射或是一个习惯复杂得多。这样的神经症的发展涉及以下三个方面：一种驱力的形成、因为其内在能力的欠缺而构成的某种障碍，以及导致作为对问题情境的真实掌握之替代的尝试与错误的过程。

这种类型的替代反应（substitute reaction）之所以能够发生，首先取决于用一种不真实的情境（unreal situation）来代替实际的情境（actual situation）。最伟大的心理病理学家之一皮埃尔·让内就强烈地坚持认为神经症患者具有这样的倾向：他们否认他们周围的现实世界，特别是由人和日常的责任所构成的现实世界，同时却以一个“模塑得与他们内心深处的欲望相一致”的世界来代替现实世界，这个世界当然比现实世界容易得多、简单得多。让内之后的其他许多人，也都追随他而强调这个倾向。对于神经症患者而言，由于他们不具备处理他们的实际工作的能力，或者不具备与他们周 163
围的真人打交道的能力，他们就通过错误的解释来重塑事物，或者是将真实的事物弃之不顾而沉迷于自己的想象的情境中，由此得以摆脱由他们内在能力之欠缺而带来的各种障碍，并以这种方式使他们的欲望得到实现。在自己为自己构造的白日梦中成为英雄，这当然是一件很容易的事情。但是，求助于这种满足，以代替在现实世界中真实采取的行动，这本身就是内心软弱的一个标志。这种替代行为当走向极端时，就确定无疑地构成变态和神经症。

神经症患者不算是精神错乱者，因为他并不是完全地沉迷于妄想，或失去判断力，或不能理性地处事。但无论如何，他终究有可能丧失了工作的能力，或是丧失了过正常的幸福生活、维持正常的社会关系的能力。他太过分地生活在自己建构的虚幻世界中。他对于在生活中所面临的问题的解决方案，虽然在一定程度上也满足了他的某些趋势，但总而言之是不能令他满意的，因为这些解决方案没有考虑现实情境中的那些根本的因素。

在各种各样的神经症中，有两种定义明确的神经症形式很突出，并经常被看作神经症的典型形式，而其他的各种神经症，则被看作这两种典型形式的近似情况，尽管这很可能是理解神经症的一种错误的方式，因为在有关个体差异及其独特性的研究中，我们总是发现，那些定义明确的“典型”，其实是实际类型的极端化变异类型，其中所谓实际类型，乃是那些并不那么特别、更加一般化的个体。神经症的这两种“典型”，就是所谓歇斯底里（hysteria）和精神衰弱（psychasthenia）。二者有一个共同的特征，就是都在心理能量上有某种缺陷，或者我们可以更直接地说，它们都缺乏驱力
164 或动机力量。这种缺陷通常被称为“丧志症”（abulia），也就是缺乏意志力（lack of will）。

神经症患者的第一种类型，即歇斯底里患者，为了适应他自己动机力量的缺乏，便收窄他的活动领域的范围，从而只在较小的活动领域内保持着活力，同时与他的生活的其余部分发生了分离，并对之漠不关心。某种由一些特殊的思维、记忆、情绪和倾向等所构成的心理体系，不时地以极其生动的幻觉性内容支配着他，致使他无视周围的环境，而当他生活在这种体系中时，他可能会以惊人的戏剧性力量将这个心理体系付诸行动。当他走出这种恍惚状态或狂躁不安时，他就忘记所有这一切及其心理体系。他的“意识领域”的收窄致使他极易受到暗示，并很容易进入特殊的麻痹（paralyses）和感觉丧失（losses of sensation）的状态。

与歇斯底里患者相反，精神衰弱患者不是收窄而是弥散他的意识领域。精神衰弱患者努力地想掌控每一件事情，但却不具有足够的力量使任何一件事情正常地运行。他怀疑、犹豫、重复、强迫性地反复地想、感觉自己不真实、没有自信。基于这种意志力丧失和不安全感，他发展出程度不同的、含义明确的非理性的恐惧、观念、行为方式等等。这些恐惧、观念、行为方式等，或可以被解释为是他没有能力执行的那些重要活动的代替，或可以被解释为是他对自己身处其中的困难的理解方式。处理一个确定的麻烦，要比处理一个不确定的陌生感和不安全感更能令人满足。因此，这些人的奇怪的恐惧和固定的想法，给他们提供了一些满足，并构成他们走出困境的一种方式。逃离模糊的不确定性，而进入关于事物的某种确定的概念，这种倾向乃是在生活的很多情况中的一种真实的驱动 165
力量。在精神衰弱的情况中，替代反应或可以做如下理解：指向某一确定的活动比如说日常的工作任务的倾向，在一定程度上被唤起，但其唤起的程度又不足以引起对行动的实际执行，而由此产生的那种紧张状态，却通过从事一些其他更简单的活动得到释放，如无休止地来回踱步，反复不断地洗手而不是去清理房间，对一些事情忧心忡忡而不是去做这些事情，发誓不完成任务就惩罚自己然后反复思虑发这样的誓是不是一种罪过，如此等等。正是根据这个普遍的理解线索，让内针对精神衰弱患者行为的很多稀奇古怪的特征提出了一个很有趣的解释。正如前面已经提到过的，替代反应也是一种“摆脱困难的方法”，是一种通过尝试与错误的过程，但却不考虑所有那些根本事实的解决问题的方法。

同样类型但相对较轻的症状发生在很多人身上，这些人应该被归类为正常人，而不是神经症患者。当面临一个困难的任务需要执行，或是当面临一个使人不快的事实需要澄清时，替代反应就很常见。一个要完成某一令人讨厌的任务的人，总是倾向于寻找拖延的好理由。比如说，一个作家，除非他迫于强烈的外部刺激，或是他已经做好了充分的准备，否则他会经常发现写作是一种令人厌恶的任务。这样一个人，当他在桌子旁或打字机前坐下时，却会想起其他那些他应该先处理的各种事情。或者，他可能在心中琢磨要写什么，并几乎是逐字逐句地筹划了两页或三页。但是，当他动手写的
166 时候，将思考的内容落实到纸上的那种严谨性，却又阻止了他的书写的动作。他于是便继续将刚才思考的内容再仔细地思考一遍，不久之后发现自己又一次提前筹划好了两页或三页。对他来说，先把一会儿之后要写的东西想好，似乎比“立即着手”去写要更加容易得多。另一种形式的替代反应经常出现在解决诸如“量入为出”的问题中。在这种情况下，一个人不是紧紧抓住那些无可动摇的事实来想问题，却想象着有某种好事突然“出现”以缓解整个困境。这种代替现实情境的想象的情境，可以给人带来一种喜悦的满足感。譬如说，一个人想买一栋房子却没那么多钱，所以买不起，此时，他便想象着买彩票中大奖而获得一时之快。

在两个正常人之间的关系中，也经常出现几乎属于变态性质的特质。暗中想象自己受到轻视和蒙受冤情，就是一个让人好奇的特例。从想象自己受到不公正待遇中获得满足，这似乎确实是有违常情的。然而，这却是一种常见的满足形式。其中，当事人想象自己是受难的主人公，这在某种程度上让我们联想到迫害妄想。正常人的这种想象，其机理很可能与迫害妄想的机理是相同的。在这里存在着一种能力缺陷的因素，即对自己作为朋友或爱人的能力的怀疑；也存在着一种替代反应，因为当事人是要在想象的冤情中获得

某种慰藉，而不是真诚地、直接地做一些友好的或情人般的行为。

弗洛伊德是当代最具影响力的心理病理学家之一，他将研究的注意力集中于正常人身上发生的很不相同的另外一种类型的异常。这种类型的异常，是通过口误（the slip of the tongue）、记忆错乱（the lapse of memory）或总而言之各种“症状动作”（symptomatic act）而表现出来的。所有这些作为症状的活动，都是“无意地”（unintentionally）做出来的，它们泄露了一些隐藏的或是无意识的动机。弗洛伊德将诸如口误这样的小事归因于心理异常，其理由在 167
于：第一，口误毕竟是一种失误；第二，也是更重要的，他把口误理解为是由“无意识”产生的干扰，而无意识，根据他的思维方式来看，也是所有的神经症行为的根源。

他关于这个问题的想法大致如下。假定你压抑某一趋势，不让它直接表现出来，那么，你就把这个趋势从你的意识中驱逐出去，但却不能从你的心理系统中将它消除。它仍然是你的“无意识”的组成部分；它还不时地受到适当刺激的影响而被部分地唤起，但却被你占支配地位的意识自我严厉地加以压制——这个压制的过程，当然也给意识自我的活动带来短暂的干扰。在睡眠期间，无意识有了更好的表现机会，但即使是在睡眠中，它也不能直白地走出来，而不得不以梦的象征来掩饰其不正当的趋势。神经症症状就类似于这些干扰，但更加严重、更加顽固。通过“精神分析”（psychoanalysis）的过程——被试在分析师的引导下放松他的压制的力量从而允许无意识的趋势公开显示自己，经过大量耐心的努力，无意识的趋势得以被发现、被理解。其结果是令人愉快的：这些无意识的趋势不再折磨患者了。由此被揭示出来的那些被压抑的趋势，就其性质而言，都是有关性欲的，并可以追溯到童年早期。当然，那些基本的童年性质的趋势（infantile tendencies），只构成众多特殊的性欲冲动的内核。而这些特殊的性欲冲动，由于一直都处于被压抑的状态，也就构成了无意识世界的主体内容。一旦这些无意识的趋势被人认识到之后，对于这些趋势，人所能做的，就是对它们加以
168 “升华”，将它们的动机力量导入其他渠道，从而给它们一个令意识自我满意的出口，并消除它们在此前为了寻找出口而引起的各种干扰。

弗洛伊德心理学的主要论点，如童年样经验（infantilism）、性欲冲动的重要性、将原始欲望压抑到“无意识”之中等，都包含真理的成分，但却都被过分地加以强调，以致忽视了其他那些为了描绘真实的心理画面应该被包括进来的因素。比如说童年样经验：虽然个体从出生到成人生活，其经验和趋势无疑具有连续性，但是，在这个过程中，也会有新的动机力量的形成，如我们在前面的一章中曾努力说明过的那样，而且，新的动机力量拥有它们自己的力量，而不仅仅是源自本能的力量。年幼儿童的性欲趋势显然是被弗洛伊德过分地加以强调了，这实际上是从成年人的观点出发，将成年人的性欲趋势代入儿童的行为，而不是公正地从儿童行为本身出发推论出来的。弗洛伊德肯定也是过分地夸大了“无意识”。口误、记忆错乱以及梦等等，更主要是决定于其他的原因，而不是决定于弗洛伊德给出的那些原因。至于性欲冲动，虽然这一趋势在绝大多数人的生活中是很有影响力的，但它只是许多驱使人类活动的趋势之一。弗洛伊德的确正式承认两种动机力量，即性和“自我保存本能”（instinct of self-preservation）。但是，我们在前面对本能的考察已经揭示了，在人类的天生能力中，有比这两种趋势多得多的其他趋势，而且，习得的驱力也必须同样地加以强调。成年个体拥有

很多不同的驱力，其中有一些驱力比其他的驱力更重要，有一些驱力起源于天生能力，有一些驱力则以天生能力为基础在成长的过程中逐步形成，但是都拥有它们自己的力量，一旦形成就不需要求助 169
于先天趋势的动力。因此，弗洛伊德关于驱力的理论解释是远不够完整的。

此外，在实践上，弗洛伊德及其追随者们总是强调性欲趋势。在任何情况下，只要他们能够从某一活动觉察到其中隐藏的性欲趋势，那么，对他们而言，问题也就得到了解决。在他们看来，性欲趋势乃是唯一真实的趋势，其他一切显而易见的动机，都只是性欲趋势的伪装。他们没有认识到“混合动机”的事实。只要性欲趋势在任何活动中呈现出来，那么整个活动就会被认为是由性欲趋势驱动完成的。

围绕这一切有一种神秘的氛围，这种氛围使弗洛伊德心理学既相当吸引人，又难以在严格科学的基础上被对待。将整个精神分析事业当作非科学的而“嘘”走它，那当然很容易，而那些提供出来支持它的证据，通过上文概要的交代也就够了。然而，要严肃地对待弗洛伊德主义者很有见地地提出的那些问题，要从他们的学说中抽取出真理的同时去除其糟粕，却绝非易事。比如说，就“混合动机”的情况而言，我们需要提出这样一个问题，即为了心理学的进步，我们该如何与这样一个人进行辩论，他因为在一个复杂的活动中看到了性欲的冲动，就直接坚持说，正是这个性欲冲动构成了全部复杂活动的驱动力量，而其他一切显而易见的动机，都不过是性欲冲动的伪装。或许应对这样的争论的一个合适方法，就是观察一个主要而且无疑由性欲动机驱动的行为，看看除了性欲动机之外是否还有其他的动机影响并改变该行为，并赋予该行为以更多的样式和兴趣。

170 人类的性行为表明，除了真正的性欲冲动以外，还有其他一些动机存在于其中。

在青年人初次涉足性行为时，他的性欲冲动总是混合着好奇心，而在成熟期，性刺激中的新奇因素也会提供额外的力量。事实上，若没有新奇性，这一冲动通常是不被唤起的。正因为如此，很多婚外情和性行为的怪癖才会出现。独立精神和对权威的反抗精神，也与性欲冲动紧密联系在一起，这在青年人当中尤其如此。与好奇心的情况一样，这种精神作为性行为的辅助驱力，不可能是起源于性欲冲动的，因为它还以很多其他的方式出现，并不只是与性相关。偷偷摸摸的恋爱特别对年轻人具有吸引力，显然是因为有独立动机的混合；在那些会反对的人的眼皮底下做爱别有一番趣味。年轻人的性行为，其中相当多的部分，只有考虑到那些新奇的和被禁止的事情对他们的吸引力，才能得到解释。如果说在性行为中，只有性欲冲动单独在起作用，那么，由此决定的性行为，就应该比实际的性行为要更加直接得多。性行为的根本的规定性之一，是它的违禁性。这真是一个很奇怪的伪善要求，甚至夫妻之间为了追求更大的激情也会严守这个伪善要求；甚至还有一些作家也严守这个伪善要求，这些作家，从理论上来说，都最大限度地从社会对性行为的限制中解放了他们自己，但是在他们的艺术创作的实践中，因为需要使有关性的事情更加有趣，他们便尽可能地对这些有关性的事情制造一种违禁的氛围，以便为他们的故事增加风味。

正如麦独孤曾指出的那样，保护性的冲动（protective impulses）虽然确定无疑主要是由婴儿唤起的，并因而又被等同于父母
171 的养育本能（parental instinct），但也可以由儿童以外的其他人唤

起，只要我们对他们采取保护性的态度。显然，一个男人喜欢认为自己是他所爱的那个女人的保护者。他对她的这种保护，绝不是出于性欲冲动，因为他的性欲可以在很少或根本没有保护冲动的前提下表现出来，而且这种性欲往往确实是兽性地不顾其对象的福祉的。但是，在更高尚类型的爱中，保护因素确实在起着作用。男人喜欢保护女人，女人也喜欢“像母亲般照顾”男人。对女人而言，在她的爱的早期阶段，母性本能（maternal or mothering instinct）经常发挥着主要作用；而在一对幸福的夫妻中，保护性动机存在于双方，并在他们相互的兴趣和喜爱背后的动机中，构成一个重要的组成部分。

支配（domination）和从属（submission）的本能趋势，也都与性欲冲动相连接，从而产生我们称为“爱”的那种复杂的动机力量。二者的动力分别是拥有的满足和被拥有的满足。在这里和其他情况中一样，因为拥有或不拥有的不确定性，欲望得到了激起。毫无争议的拥有导致对拥有感的“消极适应”，也导致对随之产生的欲望的减弱的“消极适应”，而这个欲望则常常因为对拥有的再次不确定而被重新唤起。在最低的水平上，支配的本能趋势被野性的身体强制所满足；在较高的阶段，自愿的服从是根本的；而在更高的阶段，所爱的人对自己的优点的认可则是主要的，这一点，从爱人之间对任何想象的轻视或批评都非常敏感可以得到证明。

审美冲动（esthetic impulses）也与性欲冲动密切相关，这一点
尤其可以从以下事实中看到，即我们都对所爱之人的长相很在意。 172
在某种程度上讲，性欲冲动无疑是审美背后的驱力，正如男人更欣赏阴柔之美，而女人更欣赏阳刚之美一样。但是，对身体美的感觉

不可能完全源自性欲冲动，因为在性欲冲动中没有什么东西能决定就身体的大多数部位而言，特别是就脸而言，究竟什么样的算是美的、什么样的算是不够美的。此外，审美在一定程度上也延伸到一个人自己所属的性别。

艺术一直被一些自诩为心理学家的人断定为完全是由性的兴趣所驱动的；性欲动机的影响确实也在绘画、雕塑和文学中很明显。但是，就个人的美感而言，性欲冲动似乎并不能决定什么是美的，而且，进一步说来，也不是艺术的所有主题都与性欲冲动有关，比如说风景画。

音乐同样也一直被归因于性的动机，而且，它在早期与舞蹈之间的联系还被当作这一解释的充分根据。但是，并不是所有的舞蹈都与性有关，特别是原始人的舞蹈，其中有些舞蹈是与战争或其他令人兴奋的事情有关——这与儿童因为兴奋或高兴而跳舞是一致的。此外，在对音乐表演和音乐从其粗糙的开始到高度精美的艺术现状的发展过程的解释方面，性欲冲动在其中的解释力是极其有限的。在这里和在其他情况中一样，事实的真相是，审美冲动并不是源自性欲冲动，而是独立存在的，只是在特定情况下间接地与性欲冲动相连接。而且，这种连接并不完全是性欲驱力向审美范围的延
173 伸，而是同样也包含审美动机向性兴趣范围的延伸。艺术确实利用性欲动机为它自己服务，但同样，性欲也利用艺术动机为自己服务。当一个男人爱上一个美丽的少女，他不仅仅被性欲冲动所驱使，同样也被对少女身体美的兴趣所驱使。在最低阶段，欲望与任何身体特征无关：假如只存在性的因素，那么，即使是优美的身段也是多余的。但是，在更高的阶段，审美冲动也必须得到满足，因而在身体美之外，可能还要求良好的性情和高雅的思想。

为什么年轻人喜欢跳舞？究竟是什么样的动机驱使他们放弃简单而舒服的生活，却喜欢跳舞这种如此费力的活动？毫无疑问，性为跳舞提供了很大一部分的动力。但是，如果性是唯一的动机，那他们为什么还要自找麻烦地掌握确切的舞步，并与乐队的节奏合拍，又为什么要有乐队，而且如果可能的话还要是好的乐队？无疑，部分的动力是对节奏、旋律和协调的喜爱，部分是对有序的运动活动的喜爱。跳舞是游戏，其驱动力量的一部分与儿童喜欢跑和跳的驱动力量是一样的。性欲动机，就它本身单独来说，显然不是游戏的动机。当它被强烈地唤起又不受控制时，它就会抛弃游戏的成分，而这种游戏成分在性欲动机相对较温和的表现中是与性欲冲动联系在一起的。舞蹈也像很多其他形式的社会娱乐一样，将性欲动机纳入自身为自己服务，从而为舞蹈作为游戏增添另一番趣味。但是，假如没有除性欲动机以外的其他动机存在的话，那么，所有这些娱乐形式就都根本不会存在。

以上关于性行为已经说得足够多了，这些讨论是为了说明，性 174
行为在人类生活中所呈现的形式，乃是多种动机共同作用的结果。其中，性欲动机通常都是最重要的动机，而其他的动机则是赋予性行为以多样性和兴趣所必需的。如果说对于显然属于性欲性质的行为来说，情况是如此，那么，对于那些主要是由其他动机驱使的行为来说，情况也不大可能不是如此。对很多这种类型的行为活动来说，即使性欲动机也可能会以某种尚不明了的方式进入这些行为中来。但如果像弗洛伊德主义者那样主张说，所有其他的动机都只是伪装，而且，只要我们在任何行为中发现了性欲动机的蛛丝马迹就断言说，正是这个性欲动机为整个行为提供了全部动力，如果我们这么说，那是毫无意义的。在人类活动的各种复杂形式中，忽视混合动机的重要性无疑是错误的。

弗洛伊德的两个概念，即压抑（suppression）和升华（sublimation），如果不考虑它们在精神分析背景中的含义而能够按照它们的表面价值将之纳入动力心理学的话，那么，它们将成为动力心理学中具有根本性的概念。压抑这个概念就要说明，那些不能直接表现出来的动机将会发生怎样的变化。根据弗洛伊德的观点，这些动机将转变成为无意识的，但却仍然保有它们自己的力量，并干扰其他动机力量的有序运行。按照这种方式理解的压抑，无疑倒也是一个事实，不仅就性欲冲动而言如此，而且就好奇、愤怒以及其他动机而言亦如此。被压抑的愤怒将来某个时候会“积郁成疾”而干扰其他活动，并最终以行动爆发出来。但是，这并不是动机受挫后的唯一的表现方式。在前面考察“选择的因素”时，我们已经看到，选择因素经常在发挥作用，也看到了这样一种普遍性，即某一趋势遭受抑制构成了对另一趋势之选择过程的组成部分。实际上，在日常生活的几乎每时每刻，都在发生着选择和抑制。遭受抑制的
175 那些冲动，大部分只是自生自灭式地消亡了，但其中也有一些依旧存在，只是遭到打压而不那么强烈，而不是被压抑到无意识之中，并因而对事情的进一步的发展过程几乎不产生什么影响。这才是压抑的普遍规则，而弗洛伊德意义上的压抑，则只是其中的一个特例。

弗洛伊德的“升华”是一个很有吸引力的概念。他相信，那些不可能被允许依其自然的途径加以宣泄的原欲动机，能够被疏导到其他的活动之中。因此，就性欲冲动而言，那力比多式的性欲迷恋，当被导出它的自然渠道后，就能够被用来驱动某种艺术嗜好或人道主义嗜好的历史车轮，这当然是“很好”的。然而，没有任何

明确的证据表明，他的这个设想是可以实现的。真实发生的事情有时是这样的，即当兴起某种强烈但却不受欢迎的冲动时，为了摆脱这个冲动或是从中分心出来，我们便转而从事其他的某种能引起我们兴趣的活动。而且，那个不受欢迎的冲动正因为是强烈的，并不容易被抵抗，所以我们又不得不尽可能地潜心于我们转入的其他活动之中。在这种情况下，对这一其他活动的兴趣可能会逐步发展为一种强烈的动机力量，并有效地取代那不受欢迎的冲动。当然，这显然不能使那不受欢迎的冲动去做与自身趋势无关的工作。这一冲动并不是被利用来服务于我们转而从事的其他的活动，而是被抵抗、被拒绝了。如果没有其他与之对立的动机力量来中和、抵消它，那么，它将会以一种依然故我的方式继续存在着。我们在前面确实已经看到，指向一个“完成反应”的趋势可以转而成为其他机制的驱力，但这些机制是一些服务于作为主导趋势的完成反应的。而“升华”则意味着，指向一个特定的完成反应的趋势，可以被用来为那些与自己无关，甚至与自己相对立的机制提供驱力。这一点 176
似乎真的不能得到证明，而且它很可能是对动机事实的一个明显错误的理解。

对于动力心理学家来说，虽然一方面，他应该仔细检查那些致力于研究精神错乱和神经症的复杂而令人困惑的现象的人所提出的概念，另一方面，他不可能接受有些人有些时候提出的如下主张，即只有研究这些现象的学者，才有可能对有关人类动机的心理学做出实质贡献，但无论如何，他还是应该毫不犹豫地承认，出自这一来源的那些思想观念，既引起了巨大的兴趣，又极富有启发价值。而且，他还应该充分地意识到，要促进心理学的发展，不但要掌握动机的正常运行，还要掌握动机的异常运行。

第八章 社会行为的驱力和机制

177 从常识的角度看，在人类的全部行为中，没有哪个部分比由数量不等的个人所组成的或大或小的群体的行为更有趣、更重要的了。但是，若从科学的角度看，则社会行为（social behavior）的概念，特别是社会意识（social consciousness）的概念，多少有些令人困惑，因为一旦我们提到这些概念，下面这个问题就立即凸显出来：在一个由若干个人所组成的群体中，除了这些个体成员所具有的意识和行为之外，究竟还有什么样的意识、什么样的行为呢？一切有关社会心理（social mind）的神秘概念，都不会受到当代心理学家的重视，他们几乎全都属于头脑冷静型的。同样，我们在这里也可以自始至终明确地表态说，不存在那样一种与群体相对应的所谓超意识（over-consciousness），也不存在所谓的群体的活动（activity of the group），所谓群体活动最后都只能还原为群体成员作为个体的活动。既如此，自然就有人要问：我们为什么还要论及社会行为，并在我们的心理学中单独列出一个分支叫社会心理学呢？

这个难题或许可以通过仔细考虑没有心理或意识问题使事情复杂化的类似情况来解决。假定黑板上有三个点，以特定的形式排列，比如说是三角形。我们当然可以说，这三个点的确就在那里，除了点与点中间的均匀空间。那么，我们就要问：三角形的形式究 178
竟在哪里呢？因为三角形的形式肯定不存在于三个点当中的任何一个单独的点之中，而且，如果我们将这三个点看作彼此分离的三个点，那么，三角形的形式也不存在于这三个点之中。实际上，三角形的形式存在于这三个点的排列方式以及各点之间的相互关系之中。这些都是完全静态的关系，但是，如果我们考虑物体的运动，我们就会发现动态关系和模式的类似情况。一个被抛向空中的球，受到原始动力的作用以惯性持续运动，并倾向于在同一条直线上一直运动下去，但又受到重力的恒定作用而下落，同时还受到空气的阻力。所以，这个球的实际运动路线是一条抛物线。现在必须指出，这条抛物线轨迹不代表上述三种力量之中的任何一种力量单独作用的效果。它所代表的，只能是上述三种基本力量的组合效果。但是在实际意义上，在整个运动中除了三种力量的单独作用之外，还有它们的联合作用。

同样，当两个或更多的人类个体在一起时，他们之间相互的关系以及他们构成群体的安排，都是我们如果单独关注每一个个体就不可能揭示出来的事实。而且，当他们一起朝某个共同目标行动时——这些目标既可能是他们当中的某一个人，也可能是他们之外的其他人，或者也可以是非人类的其他对象，他们的行动在总体上的集合也是一个事实，而这个事实，如果我们单独考虑一个一个的个体，那是无法观察到的。

就人类而言，群体行为的重要性因下列事实而极大地凸显出来：个体的某些行动趋势直接地与其他人相关，而他的这些行动趋 179
势，如果不以其他人的行动作为刺激因素，则是不会被唤起的。一个在完全孤立的环境中被抚养长大的人，就不会显示出竞争的趋势、对异性的趋势、对儿童的保护趋势等等。很显然，关于妇女的天性，除非我们曾观察过母亲和她的孩子在一起的情况，否则，我们就无法形成一个关于妇女天性的完整而充分的形象。这是如下一般规律的一个最令人印象深刻的例证，这个一般规律就是：人类本性的诸特质，直到个人被卷入与其他个人的关系中之前，是不可能得到完全充分展现的。

所以，社会心理学必须要同时考虑以下两个方面：其一是个体的这样一类行为，这些行为是由其他个体的存在作为刺激而引起，并接受其他个体的存在作为刺激的引导的；其二是不同个体的活动相互结合而构成的群体活动。就上述第二个方面来说，如果我们真的要把社会心理学的领域与社会学的领域明确区分开来的话，那一定是很困难的。

从动机或驱力的方面看，社会行为对心理学家来说一直都是个谜，因为在个体身上表现出来的那些动机——这里要排除父母的养育本能——都是个人主义或利己主义的。在社会中，个体的利己主义趋势屈服于一些限制，而这一屈服的动机，一直以来也是一个难解之谜。

霍布斯是最早努力寻找这一问题的答案的人之一，他是查理一世和克伦威尔时期的英国皇家哲学家。在人的全部天性的各种趋势中，他怎么也发现不了究竟是什么限制了利己主义，他并因此教导
180 说，人类的自然状态应该是“一切人反对一切人”，这是一种毫无约束的相互攻击的状态。但是这样一种战争的状态最终也会打败自己，因为没有任何人可以幸存。因此，人类应该限制其个人利己主义，多少与他人达成相互理解，并通过这种相互理解达到最低限度

的个人安全和幸福，这是事物天性的基本要求。从天性的趋势的角度来说，正如沃拉斯（Wallas）在其对旧时社会心理学的批评①中指出的，这意味着社会行为是由恐惧激起的——害怕失去自己的生命和幸福，因为别人同样为了他们自己的生命和幸福而会产生侵犯行为。

我们确实没必要假定，这种恐惧作为一种活跃的情绪普遍地存在于人与他的同类的相互关系中。起初是由于估算恐惧而产生的对利己主义的限制，会逐渐变成习惯和自动的。由于实际的攻击行为被权威人物压制住了——权威人物的权威，是由群体成员赋予他的，因为他具有压制住攻击行为的力量，所以一种对他人的存在的“消极适应”就会形成，就像小猫习惯了屋子里小狗的存在，不再害怕它一样。

关于社会行为的这样一种解释，无论霍布斯如何坚持不懈地要把它阐释出来，也不管这种解释在特定的社会无序状态中显得如何恰当，任何一个怀有强烈的社会趋势的人，都几乎是出自本能地要拒绝它。这种解释没有给社会交往对人的任何积极的吸引力留下任何余地，而只会使人的同类成为一种危险，或往好里说成为一种中 181
性的危险，因而彼此只能冷漠地相处。然而，毫无疑问，人类生活的事实是，社会有条件给予大部分人以积极的满足。人都喜欢相互结伴，这是一个事实，对于任何试图分析并推导出社会动机的努力来说，都必须认真对待这个事实。

18 世纪是一个更加安全、更加繁荣昌盛的世纪，因此得以提供一种更加温和的社会心理学，以代替上述 17 世纪的那种铁石心肠的社会心理学。杰里米·边沁（Jeremy Bentham）等人教导说，

① 参见 *The Great Society*。

人在追寻自己的福利的过程中发现，通过为其同胞的福利效力可以更好地获得自己的福利。一个人不是生产自己所需要的物品，而是生产其邻居所需要的物品，然后可以拿自己的产品交换邻居的产品，从而达到互惠互利。对社会所拥有的经济优势的感知，乃是社会的基础。这种解释，虽然没有认识到社会行为的先天驱力，而只是认识到了作为经验的结果而获得的一种动机，但至少为社会的积极的吸引力留有余地。我的邻居现在已不再是或多或少受到权威控制的潜在危险，而是我的利益的来源，并在我的心中与那种利益联系在一起，从而在我心中引起一种积极反应而不仅仅是躲避或冷漠。当然，这种对社会动机从经济方面进行的推演，仍不能令人满意。它留下的问题大概是这样的：我为了我的个人消费而想要得到某些商品，而且我又发现，我可以从邻居那里获得这些商品，只要我愿意反过来为他的个人消费提供一些他想要得到的商品，因此，我愿意成为社会的一员，并保持着这种身份，并且正是社会使得这种互助成为可能。“你帮助我得到我想要的，我就会帮助你得到你
182 想要的。”但是，当我们提出这样的问题即我们想要得到的究竟是什么，又在通过相互交换获得的商品的使用中寻找这个问题的答案时，我们发现，这种消费并不像“互助”这个概念所要求的那样完全属于私人性质的。在维持生计所必需的最低限度之外，绝大部分消费带有社会性特征。凡勃伦（Veblen）[①] 曾经以相当愤世嫉俗的方式强调过这种消费的社会特征，称之为“铺张浪费”；而陶西格（Taussig）[②] 则提醒我们注意以下事实，即典型的“会挣钱的人”并不是囤积商品并私密地享用这些商品，而是花费其商品的大部分

---

① 参见他的 *Theory of the Leisure Class*，及 *Imperial Germany and the Industrial Revolution*。

② 参见 *Inventors and Money-makers*。

去胜过对手，并以其他方式赢得声誉和社会认可。他的社会行为并不局限于为那些可能为他效力的人效力，他的社会动机也不仅仅是渴望获得私人消费，因为他在消费和产品中都显现出了一种社会兴趣，而这种社会兴趣却是边沁未曾加以解释的。他的满足是社会性的，同样，他达到满足的方式也是社会性的。他努力要加以满足的那些自私的需求（the selfish needs），原来是对社会交往和认可的需求。社会对他来说不只是一种手段，同时也是目的。

19 世纪下半叶，关于社会力量的另一个概念被提出，白芝浩（Bagehot）可能是提出这一概念的第一人，塔尔德（Tarde）关于这一概念的解释最为精致，鲍德温（Baldwin）对这一概念的解释最具有心理学的味道。他们相信，他们已经在模仿（imitation）中找到了社会化的力量（socializing force）。使一个特定的社会群体区别于其他群体的特征，是该群体共有的风俗、礼仪、信仰、情感、目的等等。群体中个体之间的这种一致性，远远超过了本能行 183
为的范围，也一定可以归因于一个个体对其他个体的影响、上一代人对年轻一代的影响，以及群体作为整体对构成这个群体的个体成员的影响等等。一个个体效仿另一个个体的行为、信仰和情操，或是效仿群体中正在流行的行为、信仰和情操等等。通过对群体中正在流行的东西的模仿，习惯和传统得以维持，在这种情况下，模仿充当了一个保守的角色。通过对由于在某些方面取得卓越成就而具有声望的个体的模仿，新的方式和信仰可能得以传播至整个群体，或者是从一个群体传播到另一个群体，模仿也因此而可能带来进步。通过引进模仿概念，很多社会行为的事实得以归入一个单一的普遍规律。

模仿的机制是以反射动作作为类比的基础来理解的。一个人在另一个人面前执行一个特定的动作，这实际上构成对那另外的一个人的刺激，并激起他做出同样的动作。之所以如此，部分地决定于脑的结构，正是脑的结构特征决定了这样的刺激必然地引导出这样的反应，或至少是使这样的反应更易于被引导出来。模仿机制不仅为人所拥有，也同样为动物所拥有。也正是在这样一个节点上，亦即在动物行为中，模仿心理学才第一次受到质疑和检验。

动物能通过模仿而发生学习吗？这就是针对模仿心理学提出来的问题。桑代克在关于猫、狗和猴子学习的实验中，安排一只已经受过特定技巧训练的动物在另一只没有受过训练的动物面前执行这一动作技巧。他的实验安排是，将一只受过如何逃出迷笼训练的猫
184 和一只没有受过训练的猫一起放在一个迷笼里——或者也可以是将两只猫分别放在并排放置的相似的迷笼里。受过训练的猫迅速完成适当的动作而逃出迷笼。这个实验要针对未受训练的猫重复做很多遍，以了解它是否通过这种方式学会了逃脱的技巧，或是看看它是否比没有这个实验经历的猫学习得更快。实验的结果是否定的；没有证据表明通过模仿能够发生学习。以猴子这种通常被认为是非常具有模仿力的动物做被试进行的实验，结果也是这样——猴子之所以被认为是非常具有模仿力的动物，或许是因为猴子的行为与人类的行为非常相似。后来由其他研究者做出的实验在很多重要方面也没能更改这一否定的结论，尽管有证据表明，类人猿偶尔会从观看其同伴表演技能中获得好处。鸟的歌声在某些方面是个例外。总体而言，模仿似乎不构成动物学习的方式。

至于儿童，尽管很明显他们从大人那里毫不费力地学到很多东西，但是，他们是否只是单纯地通过模仿而发生学习，这还不是很清楚。换句话说，我们还不清楚，儿童自然表现出来的模仿趋势，

是否使他们免除了通过尝试与错误来学习的必然性。学习说话就是一个恰当的例子。正如我们在前面已经指出的那样，天生能力提供了元音和辅音发音要素，这些本能运动的选择和结合成了一种语言的词语或短语，在某种程度上就像一个模仿过程。尽管如此，儿童早期模仿说话的努力依然是非常不完美的，他必须经历很长时间的
尝试与错误的过程才能说得像他周围人一样。他虽然可以模仿榜 185
样，但必须学着去做。他没有能够确保他正确模仿的反射机制，但显然具有尝试去模仿的自然趋势，同时还具有对要精确进行模仿的行动的感知能力，这个感知能力还扮演着对其尝试进行的模仿的正确性加以检验的角色。

这里的“感知能力”究竟是什么，还需要做一点说明。通过参考两个有些特殊的模仿的实例，或许可以把它说清楚。

我们每个人都怀有对人类行为的兴趣，因此，在橄榄球比赛现场，当我们将注意力从运动员身上转移到观众身上时，我们时常可以看到，观众在他们自己的看台上执行着运动员的某些动作，特别是在关键的时刻。当全卫正在做一次相当精心的踢球动作时，我们可以看到一些观众的脚也做出类似踢球的动作。观众的这个动作似乎是一个特别好的纯粹的反射性模仿（reflex imitation）的特例，因为他们的这个动作是完全无意地做出的，也不具有真实的目的，而且经常是无意识的。但是，对这个情形的进一步的细察，却给我们带来了困难。因为经常会发生这样的情况，即运动员的动作可能会因赛场形势而延搁，如果延搁超出了观众预期的时间，则观众的脚会在运动员踢球之前就已经踢出去了。在这一情况中，从严格意义上来说，观众的动作显然不是模仿性的，因为他的反应在预期的刺激出现之前就完成了。观众的动作显然是基于对球场形势的理解

和对特定时刻做出特定动作的要求的感知，同时也同样基于对应该被完成的动作的兴趣，因为观众踢出的那一脚，当然是想帮助他所支持的那一方队员执行踢球动作。

186 另一种情况就是鲍德温所谓的“延迟模仿”（delayed imitation）。所谓延迟模仿是指，模仿反应并不是在被模仿的动作之后立即发生的，而是在经历一定时间间隔之后才发生的，其时间间隔或可以是一个小时，或可以是一天。下面就是我自己观察到的一个实例，它可以说明延迟模仿。有一个3岁的小男孩跟他的父亲一起去一个朋友家，在他们刚进门时，小男孩听到父亲的朋友向父亲打招呼说：“你好啊，耗子！”（Hello，Dodger！）——这个称谓是朋友称呼小男孩父亲的绰号，在此之前从未在这个小孩子面前使用过。这个小男孩当时并没有模仿这一问候，但是第二天，当父亲进屋时，这个小男孩大声叫唤：“你好啊，耗子！”虽然从广义上说，这是一种模仿反应，但不符合反射类型。显然，当父亲的朋友说出这个绰号时，这个小男孩肯定是饶有兴趣地注意到了这个绰号，并且也感知到了使用这一绰号的社会情境，即父亲进屋并得到一种特定方式的问候。一旦类似的社会情境重现，这个小男孩就结合这个情境做出了他之前注意到的反应，这个问候作为单纯的运动活动已经很好地存在于这个小男孩的能力中了。儿童的模仿可能总是依赖于对所模仿行为的感知，包括一定程度的理解以及先前已获得的执行这一活动的能力。换句话说，儿童的模仿远不是简单的反射类型，其中包含一定程度的智力活动。而且，他的模仿也不能免除他通过尝试与错误的过程来学习新的动作的必要。但是，在这里，我想特别加以强调的是模仿动机。在儿童身上，从较早的某一年龄开始，而且从一定程度上也包括后来，存在着一种模仿的趋势、一种容易

被引起的驱力，即趋向于去执行那些在别人身上感知到的行动，特 187
别是那些对儿童来说具有一定威望的人。拥有模仿能力的儿童、青年或是成人并不是一个完全被动的机制，而是包含一种指向模仿的驱力，而且这个驱力还非常易于被唤起而表现为模仿的活动。儿童都喜欢模仿，而他对模仿的喜欢恰恰是他的一般社会取向的组成部分。对课堂上教授的模仿心理学的反对意见正在于，它把模仿说成是一种现成的反射机制，却未能认识到指向模仿的驱力，或一般而言未能认识到指向社会感知和社会行为的驱力。

除了对动作的模仿之外，模仿心理学还承认对信念、情感和目的的模仿。

信念的模仿是以暗示（suggestion）的名义进行的，而暗示概念的主要因素是接受者的被动性。在接受社会媒介的信念中，他被假定处于一种非常类似于被催眠者的状态中。在催眠过程中，被催眠者悉数接受催眠者告知他的任何东西，而没有正常程度的抵抗和批评，并因而易于接受诱发的幻想（induced hallucinations）及其他类似的荒谬暗示的影响。在我看来，缺乏正常的抵抗乃是发生在诸如催眠中那种典型的暗示的根本标志。虽然信念确乎经常是未加抵抗或检验地从别人那里被接受过来的，但是要说接受者是完全被动的，那也不是事实，因为在这里，我相信，我们可以发现一种社会动机的存在。我们喜欢赞同别人提出来的观点，特别是由一群人
表达出来的观点。这样的赞同态度中，含有某种舒适感和满足感， 188
而保持独立或提出反对意见，却是一种更加费力的态度，虽然关于独立或反对，当然也存在着一种自然的趋势。设想有这样两个人，他们刚刚认识，又相互吸引并正在成为朋友。对于这样两个人，我们发现，他们正在做的事情，就是相互交换观点。如果他们发现彼

此意见一致，他们就会感受到一种相当愉快的满足。观点一致的人彼此吸引而走到一起。一个由思想相近的人构成的群体，对于它的成员来说当然是非常令人满意的，直到他们彼此之间逐步变得消极地相互适应为止。在这之后，群体成员就会兴起一种易于被唤起的驱力，这个驱力指向的乃是接受成员自己的朋友或伙伴所持有的信念，而这个过程也绝不是像通常所表达的那样是一个被动的过程。

关于当前流行的有关情绪的交感诱导（sympathetic induction）概念，特别是如麦独孤所倡导的那样，我们也可以给出同样的批判性的讨论。按照这个概念来说，一个人的情绪表达对另外一个人来说构成一种刺激，并在他那里引起同样的情绪。在这一过程中，这第二个人一直被认为是完全接受性的或者说是被动的。倡导者们为此援引的例子都是这样的一些情况：当一个孩子哭的时候，另一个孩子听到哭声也开始哭；当我们听到或看见某人大笑的时候，我们自己也感到想笑；同样，愤怒和恐惧等情绪，也具有类似的感染性。当我们仔细审查这些例子时，我们就会发现，这些例子似乎都有些令人生疑。很显然，在这些例子就它们的表面价值被接受之前，还需要对它们进行进一步的研究。经常会发生这样的情况，即两个孩子几乎在同一时间感到累了或饿了，并同时开始哭起来，这是因为两个孩子同样受到了累或饿这些共同的刺激因素的影响，而不是因为一个孩子的哭诱导出另一个孩子的哭。或者也可能发生这样的情况，即当一个孩子因为受到惩罚而哭起来时，另一个孩子从
189 过去的经验知道，马上要轮到他自己受到惩罚了，于是，作为对这个受罚的预感也哭了起来。实际上，在多数情况下，一个孩子绝不会因为看到另一个孩子在哭而受到了感动，于是跟着哭起来；相反，他会很有兴趣地去看这个孩子哭，甚至会高兴地起哄。所以，

任何表面看来似乎是由悲伤或灾难而引起的情绪的交感诱导，都很有可能如上文所述属于以下两种情况之一：要么是一个共同的原因同时作用于两个个体，要么，第二个个体之所以被影响，不是因为另一个人表达的情绪刺激他的感官的结果，而是因为在先前的经验中已经形成的联想。在任何诱导的笑、愤怒或恐惧等的情况中，都一定要认真考虑到同样的或其他非常类似的可能性。

所以，在我们的天生能力中，是否现成地存在着这样一种机制，这个机制能被看到的情绪直接地唤起并在看到这个情绪的人身上引起同样的情绪，这个问题还有相当大的不确定性。但是，就像在模仿和暗示的类似情况中一样，我们喜欢别人对我们感同身受，也喜欢对别人感同身受，这一点是确定无疑的。显然，这比两个同伴中一个人高兴而另一个人伤心，或者一个人因某事生气而另一个人却对此无动于衷要“更加具有社会的意义”。当情绪“共享”时，友伴关系会更和谐、更成功。对友伴关系的欲望，同时就包含一个同感的欲望和一个交感的欲望。换句话说，一个情绪被诱发的个体，他不仅仅是一个被动的机制，而且是自身就包含一种指向交感情绪的驱力。而且，通常说来，正是通过这一驱力，而不是通过一种直接的机械诱导，某种情绪状态才得以被一群朋友共享。

与行为诱导（模仿）、信念诱导（暗示）及情绪诱导（同感） *190*
在很大程度上具有类似性的，是目的诱导（induction of purposes）。这种诱导形式通常是在“大众心理”（mob mind）这个主题下加以讨论的。模仿心理学家指出，一个个体经常会受到他所在的大众群体（a crowd）的影响，而这个大众群体却有着与他自己的习惯和偏好相矛盾的目的。这种现象被认为是因为一大群人的压倒性力量。受到这种大众群体的影响，个体成为一个纯粹被动的机制。对于这种观点或解释，我们可以提出如上文所述的同样的反对意见：个体并不是被动的，因为他本身有一种驱力被引起了。他喜欢与大众群体中的其他人拥有同样的目的。远非一个被剥夺了目的而变得被动的机器，他在这种场合是极具目的性的。除了有时被唤起的原始的恐惧和愤怒等驱力之外，实现确定的目标也经常存在于“大众心理”之中，比如说，灭火、移动一个重物、捕捉一只逃跑的奶牛或是让一匹停蹄不前的马移步、起锚、起帆或诸如此类需要一大群人一起才能做的事情。确实，将所有这些个人的集合体都称为“乌合之众”（mobs），那是在扩展这个词的使用范围。但是，如果把这样的聚众作为所有群体活动的最好形式，那是更加不合适的。惊慌失措的暴民是个人聚合体这一类型中所选的糟糕案例，因为在恐慌中，“人人为己”，实际上也就是取消了群体的活动。压倒性的愤怒也有可能导致群体活动简化成一个“人人参与的争吵”，其中每个个体都忙于应付某个敌对的个体。同样，尽管性吸引的确为各种
191 社会活动提供了部分动机，但是，性动机的强化会导致群体分解为很多对情侣。总之，只有当所有这些基本的驱力都不占绝对优势时，群体的活动才能最好地得到实现。当然，最根本的一点是，群体的活动必须有其自身的吸引力，从而对参与其中的个体而言构成一种满足。从人类的本性来看，与其他人一起朝着共同的目标行动，这并不意味着个人会变成合作关系中被动地起作用的一个齿轮，而是包含朝着共同目标的一种驱力以及对联合行动的兴趣的觉醒。

因此，社会心理学的模仿学派的最大缺陷就在于，它将个体描述为是相对于其同伴或他所属的群体而言完全被动的，又未能认识到个体喜欢与其同伴在信念、情绪、目的、行动等方面保持一致意见。它未能注意到个体中存在的指向社交活动的驱力，虽然只要我

们将注意力从部落和民族等宏观群体转移到像个人友谊和小范围的友好群体上，我们就可以发现，这一趋势是足够明显的。关于这一点，我们稍后还将回过头来进一步讨论，但在此之前，我们首先需要注意麦独孤在一个更充分的心理学基础上为发展社会心理学付出的巨大努力。

麦独孤是以一个关于人类本能趋势的清单开始的[①]，这个清单，我们在前面“人类的天生能力”一章中已经引述过了。在他看来，引起人类活动的全部动机，都是在经验发展的过程中从这些本能清单中衍生出来的。

在拟定这样一个本能清单之后，他便进而追踪在将这些先天趋势彼此组合，并将这些趋势分别联结于特定的事物或对象的过程中经验所起的作用。最后，他要努力阐明社会行为是如何起源于这些 192
先天趋势及其复合物的。关于父母的养育本能和搏斗本能，他讨论得很多，但他特别强调的是自我肯定本能和顺从本能，他努力想从这两种本能中追溯道德行为的几乎整个发展过程。在最初的和未受教导的条件下，个体只听从他自身的本能。这种本能行为的第一次改变，起因于该本能行为所带来的愉快或痛苦的结果；但是如此改变的行为仍不具有社会性质。本能行为逐步获得的社会性质，起因于由他人操控的奖赏或惩罚的影响效果，这导致个体改变他的行为以便获得奖赏、避免惩罚。当个体对他人的赞扬和责备开始敏感时，他就达到了社会行为的更高阶段。在意赞扬或责备，这意味着个体的一种顺从态度。对个体产生影响的，正是来自拥有优越地位的人或来自社会群体的赞扬和责备。然而，他的自我肯定趋势绝不是静止的。随着他逐渐长大，他摆脱了那些最初对他来说拥有优越

① *Introduction to Social Psychology*.

地位的人的支配，并在更广阔的社会世界中寻找到新的拥有优越地位的人。社会群体几乎总是保持着超出个体的优势，但也有一些拥有很强烈的自我肯定或自我尊重趋势的人，在经历过流行于不同群体中的不同的行为准则之后，就会形成自己的准则并根据这些准则行事，即使他们自己的准则是与其社会环境的赞扬或责备相对抗的。根据麦独孤的解释，这种自我管理的行为就是最高尚的，也是唯一真实类型的道德。

193 麦独孤的研究工作代表了社会心理学中的一个非常重大的发展，而且，他所获得的一般结论，即行为依赖于先天的趋势，但这些先天趋势又彼此结合，所以由此构成的复合动机才是成年人的行为的根本规律，这个一般结论几乎肯定能成立。但是，到目前为止，麦独孤给我们提供的，只是关于社会心理学的一个大纲、一个草图。无论是将他的社会心理学接受为一个完成了的体系，还是对它的遗漏不加质疑，都是个严重的错误。

在阅读麦独孤的著作的过程中，有一点让人印象深刻，就是比起他经常用来讨论的支配本能和顺从本能，同事关系以及地位相同的人之间其他各种关系，他却很少讨论。的确，他谈到了地位相同的人之间的同情及其在发展友谊和相互关心中的作用。但是很显然，在由地位大体上彼此对等的个体组成的群体的活动中，他很少能看到道德、正义以及行为准则的起源。下面引述的两段文字很有趣，既把作者最好的一面展现了出来，同时也揭示了他的不足。

> 对儿童来说，周围的所有的人分为两大类：第一类包含的是那些在他的印象中都拥有超强力量的人，他们引起了他的消极自我感受（negative self-feeling），而他对他们的态度则是驯服和被动接受性的；另一类包含的则是那些其存在引起了他的

积极自我感受（positive self-feeling）的人，而他对他们的态度则是自作主张或傲慢专横，这仅仅是因为他们没能给他造成比他更加优越的印象。随着儿童的成长，他的能力不断发展，他的知识日渐增长，以前归入第一类的人，现在被重新归入了第二类。他认识到了，或者说他自以为他认识到了那些人的能力的限度。在与他们的争论中，他不再退缩，而且，每一次当 194
他在诸如此类的争论中取得优势时，他们引起他消极自我感受的力量都会减弱，直到最后完全消失。当达到这样的阶段时，他对他们的态度就发生了倒转而变成自信。因为此时，他们的存在引起了他的积极自我感受。这样，能力强的儿童（这样的儿童，他们的自我肯定本能也是很强烈的），就得以成功地沿着社会阶梯往上爬。他相继进入的每一个更加广阔的社会圈子，比如说游戏伙伴的圈子、中小学同学的圈子、大学同学的圈子、职业圈子等等，最初给他留下的印象都是超强力量感。这不仅是因为在每个圈子里都有比他大的人和很有威望的人，而且还因为每个圈子在某种程度上都是一个有组织的整体，并施展某种集体的力量，而这个集体力量的性质和限度，则是新加入该圈子的成员所不知道的。但是，在每一个这样的圈子里，他都能很快确定自己在其中所处的水平，明确他必须服从哪些人、在哪些人面前可以自作主张……当他进入大学时，又开始了同样的过程。大四的学生以其头衔和学业成就成了他的上帝，甚至指导老师也可能支配着他的想象。但是，到大四末尾，在经过一段成功的学习和运动经历之后，他对他的大学作为社会圈子的态度又一次大大改变了！他以善良的容忍态度对待老师，而对于大一新生，他则毫不掩饰他的蔑视，很少有人能引起他的消极自我感受——除非是国际橄榄球队员或是享有世界声誉的老师。对其余的人，他已经了解他们，掌握了他们的不足之处，给他们贴上标签，把他们降低为使他产生积极自
195 我感受的那一类。等他毕业后，他以同样的方式进入更加广阔的世界，重复这一过程，并尽可能完成这过程。

> 但是，假如执掌惩罚和奖赏大权的权威曾一度引起过儿童消极的自我感受，而这个消极自我感受又被儿童整合进他的自我情操（self-regarding sentiment）之中，那么，这种情绪就构成他的人格的素质而随时可能被唤起。广而言之，在所有的个人背后，总是存在着一种隐隐呈现的模糊而巨大的力量——社会作为整体的力量。由于其难以确定的巨大，这一力量比其他任何力量都更能引起这种情绪和这种态度。儿童逐渐认识到自己的位置是社会的一员，这个社会比任何他所熟悉的圈子更大、更有威力，以集体的意见和不可抗拒的力量分配奖赏和惩罚、赞扬和责备，并以普遍接受的准则规划赞同和反对意见。这一集体的意见影响着我们的自我情操，令我们自卑或得意，唤起我们的羞愧或自我满足，其影响远大于童年早期的个人权威，并逐渐地在越来越大的规模上取代个人权威。①

尽管麦独孤所说的所有这一切都是真实的，也是很妥帖的，但他关于儿童或成人对其同伴的社会态度的解释却非常不完善。如果说自我肯定的本能和顺从的本能是唯一起作用的两种本能，那我们就应该期望看到，一个儿童或者为了满足其顺从趋势而努力加入一群比他年龄大的孩子中去，或者为了任意发挥其自我肯定而加入一

① *Social Psychology*, 8th ed., 1914, pp. 194 - 196.

群年龄比他小的孩子中去。我们在一定程度上确实观察到，儿童寻求与年龄较大孩子的交往，并对他们采取顺从的态度——这一事实 196 是顺从趋势客观存在的很好证明。但是，就一般情况来说，男孩总是寻求与自己在年龄及能力上相当的其他男孩交往。很显然，他们从与对等的人一起玩耍游戏中获得最大的满足感。同样，说大四学生将他大学生活中的大部分成员“降低为使他产生积极自我感受的那一类”，这个说法远不能完整地表达大四学生的社会态度，因为这一说法没有包含对大四学生他们自己之间同学情谊的解释。观察一个班级的男毕业生在毕业五年或十年之后回到他们的大学重聚是有趣的。每个人非但不基于毕业后的成就确定自己新的水平，他们回母校重聚的目标反而是搁置所有这些区分回到以前平等的状态。在同一个职业中无疑存在很多竞争，但同时也会形成一种共同精神或目标和世界观的团体感，从而在与其他群体的关系中让这一职业团结一致。

麦独孤并没有完全忽视这些事实，只是很显然，这些事实与他的论证要旨相去甚远。在他的著作中，社会表现为一种权威，以其巨大给个体留下印象，并唤起个体的顺从态度。它对个体而言并不表现为是有趣的和有吸引力的，除非在以下意义上讲，即它的单纯的人数之众因为人的群居本能而将个体吸引进来。其中的群居本能被简单地理解为一种聚居在一起的冲动，而它作为一种冲动，又是因为众多其他人的单纯在场而得到满足的。这样的解释很可能是对“群居本能”这个词的用法的适当限制，但是，社会冲动却绝不会 197 因此而同样地被如此限制。人不仅有一种聚居在一起的冲动，而且还有一种一起行动的冲动。设想一下让一群孩子待在一起。在这种情况下，他们的需要不可能因为他们单纯地待在一起而完全得到满足，他们还想做一些什么事情；他们也不会是因为其他孩子的单纯在场而各自做自己的事情，并因此而获得满足。他们的要求是要一起玩，是要参与到一些群体活动之中。他们参与其中的群体活动，也并不是出于什么外在的动机，比如说恐惧动机、经济动机等等，而是因为群体活动本身就对孩子而言是有趣的。儿童的这种行为是一般而言的社会的典型特征。我们不要忘记，所谓社会，就其本质而言，就是活动或行为。社会是一种活动，而不是一种状态。而所谓社会动机，就是参与群体活动的趋势，群体活动对于像人这样的社会性动物而言是有趣的和令人满意的。

作为社会行为的典型样例，我们所能发现的就是游戏，无论是儿童的游戏还是成人的游戏。游戏本身就是很有趣的，它不需要什么外在的动机。虽然游戏当然可以由个体单独地进行，但是群体游戏更受欢迎，很可能是因为在群体活动中活动的可能性更多样、更复杂，因而提供了更大的兴趣，同时，在群体游戏中，不同个体之间的相互作用，还给参与者增添了一些特别的兴趣。除了在最简单的游戏中，游戏者之间都有一些“劳动分工”，他们的活动被调整指向某个共同的目标。如果游戏是在两个相互对立的组别之间进行的，那么，竞争和对自己所在组别的忠诚因素，也会增加趣味性；
198 并且依“团队合作”的实现的程度，趣味性亦随之增强。因此，在纸牌游戏中，分组搭档的玩法通常都比每个游戏者各自为政的玩法更受喜欢。仪式（ceremonies）与游戏非常类似，普遍被认为构成仪式活动背后的那个意义，虽然也为仪式活动增加了一种新的趣味成分，但却并不改变这样一个事实，即仪式活动的主要兴趣，依然在于作为群体活动的仪式本身之中。在某一给定的仪式是若干部落共有的仪式的情况下，我们经常可以发现，每个部落赋予该仪式的意义各不相同——对仪式的真正兴趣，在于仪式本身作为一种社会活动，而仪式活动背后的概念或意义，虽然无疑具有一定的价值，但并不那么重要。甚至是关于人类群体的各种“实用性”的活动，我们也可以这样认为，虽然经济动机或其他动机是某一实用性活动得以启动的必要条件，但在活动的实际执行中，这些动机并不是自始至终清晰可见的。当活动开始之后，占支配地位的主导兴趣，就是这样的实用性活动作为群体活动本身的兴趣，就和游戏活动中的情况一样。

游戏的特点之一就是，参与游戏的人在某些重要方面是相互对等的。这并不意味着玩这种游戏的能力差异与游戏本身无关，也不意味着从游戏者的劳动分工的角度说，没有人可以作为分组的领头人或是被委派以主要的角色。这个特点意味着，与游戏活动无关的各种外在的不平等不能被带入游戏中来。年长的或能力强的儿童一定不能“不按顺序玩”，每个人都必须要和他有同样的机会。儿童往往试图显示自己的权威并以自己的方式独占一切。但是，他会受到其他儿童以这种行为破坏了游戏、是“不公平的”为理由的抵抗。在游戏的过程中，“游戏规则”被逐步订立起来，其目的虽然在一定程度上是强化游戏者之间的平等性，但更主要的是保证该游 199
戏是一个好的游戏。

若是从与道德问题的关系的角度看，这些“游戏规则”是很值得关注的。麦独孤已经通过对自我肯定本能与顺从本能的相互作用的分析，为我们概述了道德行为的发展，并认为，道德行为的发展的最高结果，是独立个体的养成：他不再顺从于来自社会环境的赞扬或责备，因为他已经采取了自己的准则，认为这一准则优胜于群体强加给他的任何其他的准则。这样的人格，虽然就它自身的整合性而言是值得赞赏的，但在其他方面则可能是令人讨厌的。所以，还必须对他的道德准则的内容加以检验，才能确定这样的个体是否达到了道德的顶峰。麦独孤没有讨论公平竞争或正义问题，因为这些概念只存在于彼此对等的个人之间，或者说是存在于在某些方面必须被平等对待的个人之间。正义并不是通过支配或顺从，而是通过对支配的反抗和对平等的要求得以实现的。游戏活动中的公平竞争，只是处理更大规模的事务时的正义的一种特殊类型。正如儿童在他们的游戏中抵抗专横跋扈的个体从而达到公平竞争一样，我相信，大规模社会事务的历史也表明，正义是通过以下两种渠道得以实现的，其一是对支配性统治的反抗，其二是威胁性的条件，即除非遵循特定的规则，否则就结束游戏。如果是这样的话，那么就应该说，赋予行为以社会准则的，乃是平等的关系，而不是优越和卑贱的关系。

针对麦独孤的主要的批评意见，应集中于这样一个事实，即他
200 未能明确地认识到一个社会动机（social motive）。他虽然认识到了若干动机，这些动机通过使一个个体对另一个个体感兴趣从而有助于社会生活的建立，但是，他没有认识到能使群体活动变得有趣的任何动机。在他的著作中，社会表现为对个体施加控制的权威，而不是对个体有吸引力的活动。他之所以没能注意到这样一个相当明显的事实，即群体活动，不管是小规模的群体活动还是大规模的群体活动，都肯定是有趣的和有吸引力的，很可能是源于他的这样一个一般信念，即所有的人类动机，都是从他所已经列出的本能清单中生发出来的。他把本能定义为有确定的刺激、确定的反应和确定的情绪状态。如果针对某一活动他不能找到这三项，他就不愿意承认存在一种能够为该活动提供驱力的先天趋势。在这里，他所忽视

的乃是天生能力的事实，或更确切地说是这样一个事实，即每一种天生能力同时也是指向相应活动的一种驱力。天生的算术能力同时也是一种对数学性质的事物，以及处理这类事物的兴趣。从那些天生富有伟大的数学才能的人来看，事实显然是这样的。高斯如此专注于他的原创性数学研究，以至于忘了饥饿、疲惫和朋友的请求，在他专注于数学研究的当时，他的这种专注肯定不是受经济动机、性欲动机或某种自我追求的趋势所驱使的。他不可能是受到世界上任何其他东西的驱使，而只能是受到他对正在研究的数学问题的兴趣的驱使。作曲家尽管有时需要经济需求的刺激才能开始作曲，但是，一旦他融入作曲的活动之中，他的作曲活动就会被音乐兴趣，而非经济动机推动向前。任何创造性艺术家都是如此。陶西格在其 201
《发明家与会赚钱的人》（*Inventor and Money-Makers*）中所展开的极有价值的研究明确表明，发明通常都是一项因为发明本身的缘故进行的活动，而与可能的回报无关。凡勃伦在其著作《劳作本能和工业技艺的本能》（*The Instinct of Workmanship and the State of the Industrial Arts*）中，对手工艺，或一般而言对于手段成功地适应目的的问题表达了相同的观点。指向某一特定目的的基本驱力，可能是饥饿、好斗、性欲等诸如此类的驱力，但是，一旦活动开始了，达成目的的手段本身就转变成感兴趣的对象。手艺"本身就是注意和情绪的对象。为了生活目的，对可用手段的有效运用、对可用资源的充分管理，这本身就是我们的各种努力的目的之一，而这种努力所获得的成就，乃是我们的满足感的来源之一"。[①] 实际上，我们不仅对活动的最终目的发展出兴趣，而且也会对达成目的的手段发展出兴趣，这个事实从哪怕是搬运大块石头这种简单的事情中

① Veblen, pp. 31 - 32.

也可以明白看出来。一个人要搬运沉重的大块石头，其中当然存在某种实用性的动机。但是，一旦这种搬运工作开始之后，搬运工作本身就变成了一种游戏，或者说是与石头之间的较量，这种游戏或较量对搬运者来说是有趣的，无论是就其过程而言还是就其搬运成功的结果而言——而这一切都与整个搬运活动的最终的外在结果比如说获得报酬无关。其他各种活动，比如划船、骑马或驾车、砍伐树木等等，都只是上述真理的突出实例而已。这个真理，换句话来说就是：任何活动，无论是不是“有利可图的”，只要它不是绝对
202 地让人讨厌的，都可以作为一项运动或娱乐活动开始，或者说是它自己给它自己提供驱力。总而言之、任何事物、任何行动，特别是能通过某人自己的活动指向确定目的的事物的几乎任何过程或变化，都因为它自身而变得对这个人来说是有趣的，而且，只要它们已经开始，它们就能自己为自己提供驱力。任何过程，若要成为有趣的，那它一定既包含困难，又包含克服困难获得成功的可能性。若要把这一切都归结为某种特殊的操控本能（instinct of manipulation），那必定是错误的，尽管幼儿的操纵趋势无疑是兴趣的这种一般形式的第一次表现，只是在幼儿那里，这种一般类型的兴趣受到他的操控本能的支配而指向多种不同的事实而已。事实的真相是，因为我们具有执行一定的活动和处理一定种类的材料的天生能力，所以我们对执行这些活动和处理这些材料感兴趣。而且，一旦这些活动被引起，它们就构成了它们自己的驱力。这一点不仅适用于严格意义上的天生能力，也适用于通过训练形成的能力。几乎任何事情都可以成为游戏一样的活动，并构成它自己的动机。

社会动机必然内在于社会活动之中——这实际上构成了本章全部讨论的主要论点。人类正因为独一无二地拥有从事群体活动的能

力，所以对这种类型的活动感兴趣。他不需要任何外在的动机将他
吸引到群体活动中来。参与群体活动对他来说就是他的游戏，就是
他的生活。他对于群体活动的兴趣，部分地来自人格（对于人格，
他又拥有天生的理解能力）的相互影响，部分地来自不同参与者各
自执行的活动之间相互配合，从而构成的一个协调的和被有序引导
的整体活动，部分地来自可能产生于群体之间的竞争精神，尤其是 203
来自通过联合行动可以完成的进取心。一言以蔽之，社会兴趣乃是
人类一般地拥有的客观兴趣中必不可少的一部分。

社会动机的性质和重要性，与音乐动机或算术动机属于同一层级。正如一个有音乐天赋的人自然地开始从事音乐活动并发现音乐本身是有趣的一样，有社交天赋的人，他能理解别人，看到群体活动的可能性以及协调群体活动的方式，并满怀热情地参与其中。或许我们不应该倡导去讨论在群体活动背后有所谓社会本能在起作用，因为事实并不是这样的，似乎天性为我们提供了一套特殊的现成的运动潜能，只要有他人存在，这种运动潜能就会直接表现出来。社会天赋（social gift）乃是学习社会行为的一种能力。不同个体的社会天赋在程度上各不相同，正如其他各种能力在程度上不同一样。有些人在历史的进程中有能力成为创造性的艺术家或发明家；大部分人虽然在任何方面都只能是追随者，但仍然拥有足够的能力参与群体活动。

婴儿的社会动机的第一次显露，就是他对别人的注意。就 6 个月大的婴儿来说，与其他任何对象相比，他更愿意注视人的面孔。在很早的时候，婴儿就会用声音和其他动作来回应别人的动作。稍后，他就进入我们在前面已经讨论过的所谓模仿阶段。他在这个阶段表现出来的主要特征，是在感知和领会他人的动作以及这些动作

实现的结果方面的不断成长的能力，以及他尝试地去做相同的动作，并想达到相同结果的倾向。在这个意义上讲，儿童是驯服的（docile）。他喜欢别人教他，喜欢别人向他演示。因此，他对于不
204 同事物的好奇心，总有社会动机与之混合相伴。他之所以易被他人吸引，部分的原因在于他们满足了他对于各种事物的好奇心。等他长大以后，他的好奇心即使转向了科学，也仍然与社会动机密不可分。一门科学无疑就是一项合作的事业，同时也是一项有很多竞争的事业。对于科学工作者来说，与同事保持联系，向他们报告自己的发现，反过来学习他们的发现，比单独工作更令人满意。所以说，科学的兴趣会因为社会动机而得到加强。其他各种兴趣如审美兴趣，同样也会因为社会动机而得到加强。毫无疑问，普遍存在着一种对于美的事物自身的兴趣，这种兴趣与美的事物之外的社会因素无关。但是，和科学一样，一门艺术也是一项社会事业，正如我们从以下事实中可以看到的那样，即艺术创造者都是自学派或运动中培养出来的，而不是偶然地零星地出现的。学徒总是依附于某一学派，学习该学派的观点和技术，而且，如果他自己是一个富有独创性的人，那么，他在日后会对这些观点和技术加以发展，并有可能终身保持为该学派的一个忠实的追随者，又对该学派的成就和进步还有热诚的兴趣。

多种不同的驱力相互结合，共同产生社会活动。在面临危险的时刻，是恐惧的动机驱使人们聚集到一起；搏斗的动机将他们团结起来，为群体而战；经济的动机带来工业合作和产业组织；自我肯定的趋势和顺从的趋势带来竞争和服从；将自我的内涵扩展到涵盖一个人的家庭、党派、阶层和国家等，有助于形成一个人的忠诚；而父母的本能，当扩展其范围达到除了无助的儿童之外的其他人时，

则会导致自我牺牲和利他主义。但是，除了所有这些动机之外，还 205
独立地存在着社会动机本身，也就是指向群体活动的趋势。这一趋势不仅被经验发现是有益的，而且，从心理学上讲，更重要的是，对于天生就具有从事这种活动的能力的生物来说，它本身就是有趣的。

对社会动机的认识，为社会伦理提供了比以往的心理学所能提供的更加充分的基础。以往的这种心理学，试图从自我追求的趋势，甚至也包括从利他主义的父母养育本能来推演群体行为的生成，这些尝试都不可能为社会伦理提供坚实的基础。一个奠基于自我追求趋势的伦理学，它所能建立的最高的伦理理想，无非是一个超人（superman）而已，这样一个超人，既卓尔不群，又不屈从于社会。麦独孤理想中的人的形象，就属于这一种类型：一个拥有自我选择的道德准则的自我独立的个体。至于这样一个道德准则的内容，他却什么也没有说，实际上也不可能说什么。利他主义趋势虽然能产生具有可敬品质的行为，但它仍然是不充分的。这是因为，它至多只能使其他人同样成为一个自我独立的个体，就像自我追求的趋势可以使一个人自己成为一个自我独立的个体一样。利他主义只是附带地具有社会性，它只是把“我的邻居”当作一个个体来关心，而不关心群体行为。从社会的角度说，一个值得尊敬的人，与其说是一个以其利他的仁慈冲动而著名的人，不如说是一个有合群性格和公益精神的人。宜人性（sociability）似乎还没有被伦理学家当作一项美德受到足够的重视。这是因为我们还没有能够为宜人性建立一个心理学的基础。但是，一旦我们承认群体活动本身是有趣的，我们就将为伦理学奠定一个真实的社会基础——事实上，这个基础就是我们为游戏规则所发现的那同一个基础。对游戏的兴趣，

206 实际上就是对高度协调而成功的群体活动的兴趣，而游戏规则的目的正在于要保证实现那样的结果。游戏规则并不是为了个体的利益，而是为了游戏作为一种群体活动的成功。公平竞争和正义拥有同样的基础，它们主要不是服务于个人的利益，而是为了确保实现协调的群体活动。

因此，在我看来，那个古老的难题，即究竟是社会为了个人的利益而存在，还是个人为了社会的利益而存在，并不是一个合理地提出来的困境。如果社会本质上就是群体活动，那么，社会组织就应该将推动群体活动作为其目标。社会对个人而言的价值，并不是其他价值的衍生物，而是直接起源于个人的社会行为能力以及他的趋向社会行为的强烈动机。社会改良当然不应该忽视社会组织所能够实现的对纯个人价值的贡献，但也不应该树立起关于社会的这样一个假象，即社会作为实体高高在上于组成社会的个人。社会改良的最好的方案，应该特别强调对群体活动的条件的改善，并着眼于使之更值得个人为之付出努力、使之对个人而言更加有趣和更令人满意。

索　引

（注：本索引中所附页码，为原书页码，即本书边码。其中，“f”表示“以及下一页”，“ff”表示“以及以下数页”。）

图书在版编目（CIP）数据

动力心理学/（美）罗伯特·伍德沃斯著；高申春，高冰莲译．—北京：中国人民大学出版社，2017.9

ISBN 978-7-300-23941-5

Ⅰ.①动…　Ⅱ.①罗…　②高…　③高…　Ⅲ.①动力（哲学）-心理学　Ⅳ.①B024　②B84

中国版本图书馆 CIP 数据核字（2017）第 013453 号

西方心理学大师经典译丛

主编　郭本禹

动力心理学

罗伯特·伍德沃斯　著

高中春　高冰莲　译

Dongli Xinlixue

出版发行	中国人民大学出版社		
社　　址	北京中关村大街 31 号	**邮政编码**	100080
电　　话	010－62511242（总编室）		010－62511770（质管部）
	010－82501766（邮购部）		010－62514148（门市部）
	010－62515195（发行公司）		010－62515275（盗版举报）
网　　址	http://www.crup.com.cn		
	http://www.ttrnet.com(人大教研网)		
经　　销	新华书店		
印　　刷	天津中印联印务有限公司		
规　　格	155 mm×230 mm　16 开本	**版　　次**	2017 年 9 月第 1 版
印　　张	14 插页 3	**印　　次**	2025 年 4 月第 4 次印刷
字　　数	155 000	**定　　价**	45.00 元